信康自刃の真相

熱田伸道　著

山形県
酒田市

中山神社正殿
　酒井家のご分家が家康公の不運の第一子信康公の死を悼み、延宝４年(1676)５月に合祀。毎年５月１日に「武者行列」が行われる。
　近くにある松山文化伝承館には歴代藩主の甲冑や寄贈された家臣の甲冑が大切に保存されている。

山形県
鶴岡市

山王日枝神社
「復鎮霊社」
貞享２年（1685）建立。
信康公と築山殿の鎮魂社。

山形県鶴岡市

致道博物館

旧庄内藩主御隠殿

初めて訪ねた致道博物館で酒井家二代家次公の武具を調べる筆者

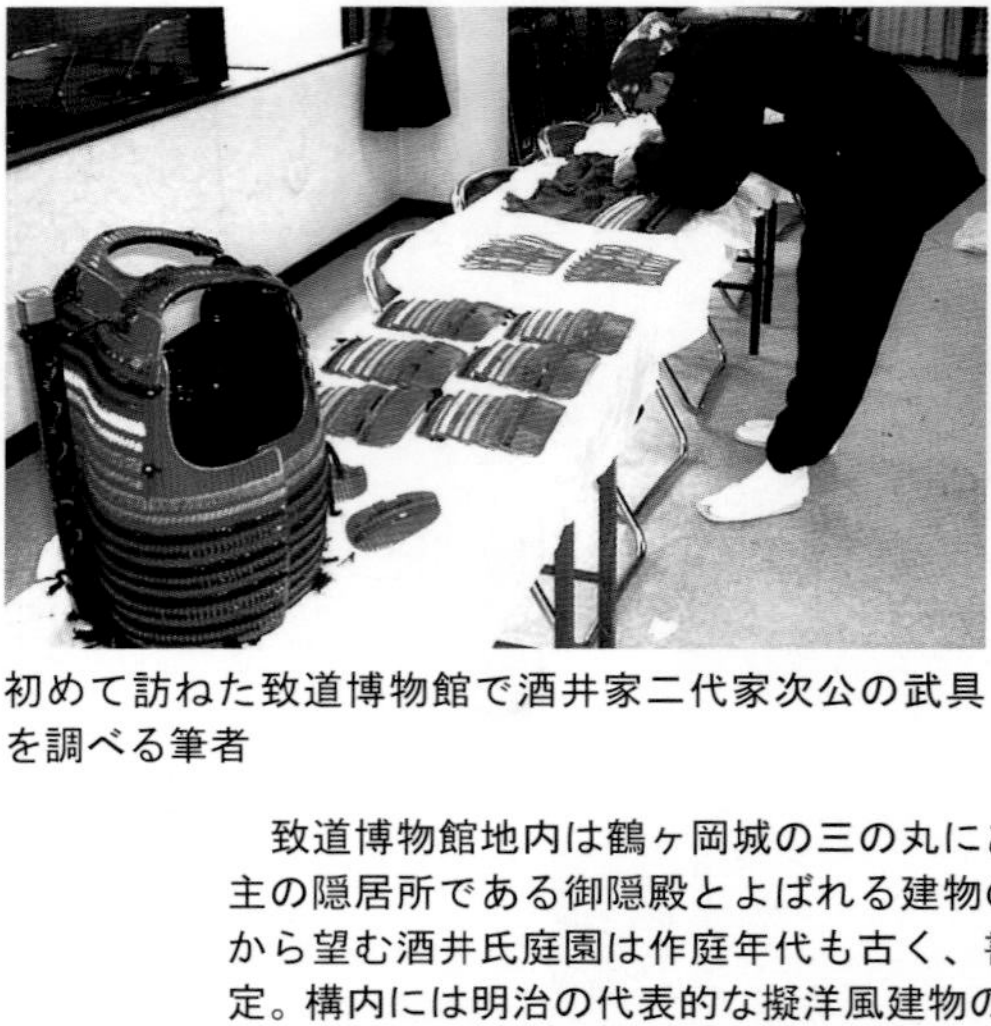

美術展覧会場

致道博物館地内は鶴ヶ岡城の三の丸にあたり、幕末に建てられた藩主の隠居所である御隠殿とよばれる建物の一部が残っている。奥座敷から望む酒井氏庭園は作庭年代も古く、書院庭園として国の名勝に指定。構内には明治の代表的な擬洋風建物の重要文化財旧西田川郡役所、重要文化財旧鶴岡警察署庁舎の２棟と江戸時代創建の重要文化財旧渋谷家住宅が移築保存されている。

山形県
鶴岡市

松ヶ岡開墾記念館

松ヶ岡は明治を迎え庄内藩の侍たちが刀を鍬に持ち替えて開墾した地域。養蚕を行っていた。明治８年（1875）創建の旧蚕室を記念館として公開している。

新徴屋敷内
（甲冑の制作教室開催時）

新徴屋敷

江戸にあった侍屋敷を開墾地の宿舎として移築。
甲冑の制作教室で使わせていただいた。

山形県
鶴岡市

荘内神社
藩主を慕う人々の想いから生まれた神社。

平成29年（2017）、荘内大祭宵祭り「第一回酒井忠勝公入部四百年」カウントダウンでの出陣式。

天澤寺「清正閣」
昭和24年（1949）、清正公遺骨探索が行われ、地下2メートル10センチのところから鎧が出土した。

加藤清正公の金胴丸残欠を前にする筆者

はじめに

―庄内の地とのかかわりを中心に―

平成二十年（二〇〇八）六月、私は友人に誘われて名古屋から山形空港へ飛んだ。レンタカーで月山を超え一時間半ほどで鶴岡市中心部に入った。

目的地は、鶴ヶ岡城址近くにある致道博物館である。友人はこの博物館の支援者であり、酒井忠久館長とも親しくされており、館長に私を紹介してくれた。

私は甲冑の修復・復元そして新作を行っている甲冑師で、この日は甲冑の見学と調査を行うために致道博物館を訪れたのだ。徳川家筆頭家臣、酒井左衛門尉家の歴代の甲冑を見られるかもしれないとわくわくしていた。

ちょうど武具の整理中だったのか、多くの部位が館内に出されていた。それらを拝見し、手に取ることができたのは、この上ない幸せだった。

冑、甲、鎖帷子は、今制作したかの如く精緻で美しいものだった。そして酒井家の馬印であろうか、大きな朱の丸の旗が目に入った。別のテーブルの上にはバラバラになった胴甲、草摺、袖、籠手、佩楯《はいたて》、面具が置かれていた。これは、朱塗りで同一のものであり、桃山期のものであると友人に進言し、隣接する御隠殿に展示してある烏帽子形の冑と一対であることをお知らせした。

この冑は「二代家次公着用」と表示してあり、バラバラの部位もこの冑に添うもので間違いなく、この出会いは素晴らしいものであった。

帰りに、櫛引町天澤寺《てんたくじ》にある加藤清正公の金胴丸残欠に出会えたのも幸運であった。この天澤寺の隣には丸岡城址がある。丸岡城は寛永九年（一六三二）、加藤清正公の嫡子忠廣公が一万石で配流された居館で、その折、清正公の尊骨と若き日の甲冑を熊本から持ってきたと伝えられているのである。住職にお願いして少し時間をもらい調べた結果、桃山時代のものであろうと推測できた。

元和八年（一六二二）、酒井家三代忠勝公が信濃松代十万石から出羽庄内十三万八千石を拝領し入国した（生年五十四歳で江戸にて卒）。

正保四年（一六四七）、四代忠当《ただまさ》公が家督を継ぐ。父の遺志により弟忠恒公が寛文二年（一六六二）、中山（現酒田市松山）に二万石で入部する。これは本家に嫡子が途絶えたとき、お家の改易を免れるための大名の常套手段である。

酒井家も例外ではなく、七代忠寄公は四代忠当公の弟である忠恒公の孫で、松山藩から来ている。七代忠寄公は徳川幕府九代将軍家重公、十代家治公の御代に、老中として十五年間を務めた。その忠寄公を輩出した、ご分家中山の地に興味を抱き、酒田市松山文化伝承館を訪ねた。

松山文化伝承館は、歴代藩主の甲冑やその他寄贈された家臣の甲冑を大切に保存していた。大正五年（一九一六）の中山松山両神社の祭典では、その甲冑を身に着け行列を行ったとあり、二十五名の凛々しい姿の記念写真も拝見した。江戸期の甲冑を身に着け鉢巻き姿も毅然として映っている。武を尊ぶのはやはり徳川家臣筆頭、三河武士の酒井家の血筋である。また、本家に負けまいとするご分家の意地と心意気を感じた。

松山文化伝承館では、中山神社のいわれとそこに合祀されている徳川三郎信康公の言い伝えについて伺った。その後、実際に中山神社に出向き手を合わせた。酒井家のご分家が家康公の不運の第一子の死を悼み、延宝四年（一六七六）五月、「源三郎殿改號鎮霊社」を合祀した。もちろん合祀しお参りするのは貴いことであるが、遠江の二俣城で切腹した信康が、なぜ中山神社に祀られなければならなかったのだろうか、疑問がわいた。

実は鶴岡市山王日枝神社にも「復鎮霊社」として信康・築山殿の鎮魂社が建てられている。これは中山神社より少し後の貞享二年（一六八五）、六代忠真公が家督を継いだときに当たる。忠真公は十二歳と幼少だったため、幕府から国目付二名が鶴岡に下って来ている。

大正５年（1916）中山松山両神社祭典　甲冑武者行列記念写真
松山文化伝承館蔵

平成二十一年（二〇〇九）七月、家次公の甲冑修復が終了。致道博物館に奉納させていただいた。一年間お預かりしたことになるが、その間、一日として家を空けることはできなかった。何かが起きて、貴重な歴史の証人を亡くすことには耐えられないと考えたからだ。

この甲冑の修復をご支援いただいた有志三名の内二名、宇生雅明氏、稲垣直氏の名前を記し改めて感謝したい。

私はこの庄内に興味を抱き、翌平成二十二年（二〇一〇）、家族と共にこの地を観光で訪ねた。歴史遺産がそのまま残っており、空気は清々しく、自然がいっぱいで、食べ物が新鮮でおいしい。妻も娘も同様に感じたらしく、また来たいと言っていた。そして、私はこの地で甲冑文化を広めたいと思った。なぜなら、この地には愛知県とゆかりのある殿様がおみえになるし、名古屋生誕の加藤清正の嫡子忠廣公終焉の地でもある。また、各地に城址が点在しているし、調査されていない古甲冑がたくさんあることを知ったからだ。

平成二十三年（二〇一一）夏、「庄内を日本のハリウッドに」というキャッチフレーズで展開していた庄内映画村オープンセット（現スタジオセック庄内）で、甲冑を展示させていただき、甲冑の制作パフォーマンスを行った。観光客に甲冑の試着体験もしていただいたが、夏休みでもあり大勢のお客様がお越しになり喜んでいただいた。また、羽黒町松ヶ岡の新徴屋敷では「侍・アルモデル」甲冑の制作を行い、こちらでも見学者と深く交流し啓発活動につなげることができた。

松ヶ岡は戊辰戦争後、明治を迎え、庄内藩三千人の侍たちが刀を鍬に持ち替えて開墾した地域で、当時は養蚕を行っていた。その遺蹟建物五棟が立ち並んでいる。さらに昭和天皇がお越しになった記念碑が存在感を顕し、桜の季節になると大勢の観光客が訪れる。

新徴屋敷はその一角にある。江戸にあった侍屋敷を開墾地の宿舎として、百棟移築したもので、そのなかで最も原形を留めた屋敷を保存したと伺っている。鶴岡市の有形文化財である。工房として使わせていただいたが、屋敷内に一人でいるときなど、柱にふれて当時を想像したものである。

平成二十四年（二〇一二）五月、この地で甲冑の制作教室を行いたいと荘内神社宮司の石原純一さんに相談してみた。酒井忠勝公が入部する前は、武藤家、上杉家、最上家の戦国盗り時代で、そんな武将文化の色濃い庄内で戦国甲冑文化を広めることは理にかなっていると思ったからだ。

宮司さんは快く力になるとおっしゃって、その後、神社内の参集殿で甲冑制作の説明会をさせていただいた。当初は、参加者がいるだろうかと不安もあったが、案ずるより産むがやすしで、五十名ほどの方に集まっていただいた。

甲冑師を志している植木茂雄氏に制作する部位の叩きなどの実演をしてもらい、わかりやすく説明し質疑応答を行った。実質三十名の方が六月から十月までの五か月間、松ヶ岡の新徴屋敷で行う甲冑制作講座に参加することになった。

植木氏は鶴岡剣道の重鎮で、後輩に警察関係者がいたことで鶴岡警察署主催の交通安全キャンペーンに参加しないかという提案を受けた。まだ甲冑はできておらず、自宅工房にある甲冑を持参することにして、男女七人の甲冑武者が交通安全キャンペーンを行った。毅然とした立居振舞いは流石と感じ、皆さんに仕事に差し支えない範囲で夏の荘内大祭への参加をお願いした。

御祭神が徳川家筆頭家臣の酒井忠次なのに甲冑行列は参加者が少ない。甲冑武者行列をもっとアピールできたらと思った。八月十五日、祭り当日、行列の出立前に十分ほど三十五名で出陣式を行った。ご協力いただいた石原宮司さん初め、関係者の方々には感謝したい。

平成二十五年（二〇一三）、二十六年（二〇一四）と引き続き甲冑制作を行い、大将級五領、足軽十二領を完成させた。メディアにも取り上げられ、甲冑文化の啓発の一歩となったのではないだろうか。

この甲冑は個人用のものではなく、荘内藩甲冑研究会の活動のために制作したもので、参加者は制作技術を学ぶための講座であった。会員の内二人、乙坂弘と高橋弘をアルモデル甲冑師として認定した。現在この二人には新作、修復の依頼が各地域から来ている。

一緒に制作していた仲間のなかには、個人で作るため材料の提供を依頼された人、鉄製で制作を志した人などが数名いて、工夫された甲冑ができあがり、ものづくりの面白さをあらためて感じた次第である。

参加された会員の皆様には感謝を申し上げたい。

ありがとうございました。

現在、完成した甲冑が活用され、荘内藩甲冑武者隊として各地域で活躍している。

平成二十六年秋、酒田市在住のGさん所有の冑と面具を見せていただいた。

この冑は室町末期のものと推定され、変形していたため修復し、さらに推定復元して酒田市に寄贈させていただいた。現在、松山文化伝承館に保存されている。

この冑は室町末期に活躍した安保氏のもの。安保氏は鎌倉時代、余目の領地を源頼朝から拝領し十六代二百年余り続いた家柄だが、天正三年（一五七五）に滅んだとある。

Gさんは、安保氏の末裔と伺っている。

三年間を通じて甲冑制作教室をご支援していただいた荘内銀行に、荘内藩甲冑研究会理事長石原純一氏を通じて安保氏の冑の推定復元をクジャクの羽で装飾し面具と共に寄贈した。

平成二十八年（二〇一六）七月、鶴岡市櫛引町で「清正公祭」が行われた。清正公着用の「最上金胴丸」残欠を拝観してから八年、推定復元を完成させ、加藤家足軽具足新作二領と共に住職庄司良圓和尚に寄贈させていただいた。

昭和二十四年（一九四九）に天澤寺内清正閣下から発掘された、最上金胴丸残欠の元の姿を推定復元できたのである。荘内加藤清正公忠廣公遺蹟顕彰会から金一封と感謝状をいただいた。

八月、荘内大祭に町内参加者の甲冑武者と荘内藩甲冑武者隊と有志三十五名が参加して甲冑行列を行った。全行程二キロメートルを行進しながら、各所でパフォーマンスを行った。祭り終了後、鶴岡市に織田信長の冑と面具と肖像画を寄贈した。

この冑は天正十年（一五八二）、本能寺の変の後、信雄が焼け跡から探し出させたもので六間のトッパイ形を推定復元したものである。肖像画は甲冑師「清須伸正」が描いたもので、刀の拵え、鉛筆画などを得意とし、天童市織田家菩提寺、三寶寺の信長公肖像画と同様のものである。

信長とこの地とのかかわりといえば、天正七年（一五七九）、安土城が完成した祝いに武藤義氏が駿馬と鷹を信長に贈っている。中央とのパイプ作りが目的で同様に上杉氏、最上氏も行っている。その後、義氏は領地の拡大を図っている。信長からの返礼は屋形号と黄金であった。

平成二十九年（二〇一七）、荘内大祭の前夜祭に、石原宮司と協力して酒井忠勝公入部四百年カウントダウン事業を始めた。総大将酒井忠勝公の甲冑着付け次第を披露、出陣式を演出。

秋、いつもお世話になっている荘内神社に御祭神の酒井忠次公の冑と面具の推定復元を寄贈した。

平成三十年（二〇一八）、荘内大祭前夜祭を宵祭りとして第二回酒井忠勝公入部四百年祭を演出。出陣式、甲冑着付け次第「着初め式」を披露。荘内藩甲冑武者隊は「鳶ヶ巣山砦の戦い」を演出。酒井忠次公を顕彰した。

令和元年（二〇一九）、荘内大祭宵祭り「第三回酒井忠勝公入部四百年」カウントダウンを演出。古式に則り各種事業を進めた。

同夏、文化庁調査官と鶴岡市教育委員会による黒川春日神社に納められている甲冑調査に参加した。黒川春日神社は、大同二年（八〇七）に創建されたと伝えられており、歴代庄内を支配した武将武藤氏、上杉氏、最上氏、酒井氏が、社殿の造営や土地や祭具などを寄進した記録がある。

昭和五十一年（一九七六）八月に、甲冑研究家山岸素夫先生が調査された資料をもとに、一点一点確認し梱包して納めた。山岸先生は私の甲冑知識の師で、ここで出会えたことに驚きと嬉しさがあったが、平成元年（一九八九）十月の第一回目の調査以前に散逸された部位もあったようで残念である。

この調査への参加を推薦していただいた櫛引町の小林良市様には、あらためて感謝申し上げたい。

このように庄内の地とかかわってきたが、庄内の人々と交流するなかで、信康自刃の原因の根拠を明確にしなければいけないという気持ちを強く持つようになった。

信康自刃の原因を問うとき、出典となるのは元和から寛永の初めに完成した『三河物語』だ。ここには信康に切腹を命じたのは信長で、それを仲介したのは酒井左衛門督《ママ》（忠次）

とある。『三河物語』は写本され、鶴ヶ岡城下にもその内容が伝わってきたようであるが、江戸に在籍していた忠勝は旗本や世間の噂をいち早く耳にしていただろうことは想像できる。忠勝の心情は察するに余りある。

甲冑制作にあたり、図屏風を参考にすることがある。あるとき、「長篠合戦図屏風」を見て驚いた。当世具足を身に着けていなければならない大将が大鎧で戦っている。なぜか。図屏風を描く絵師は師について学ぶから、師匠が大鎧を描いていれば弟子も大鎧を描くのだと思いついた。歴史上の事実を追求するときも、同じようなことが起きていないだろうか。

山王日枝神社「復鎮霊社」は、三代忠勝の乱暴によって多くの家臣が傷つき亡くなりその霊を鎮めるための祠であるという説もある。いずれにしてもこれらの話は、『三河物語』に無関係ではないと思われる。

それらを確かめるため、信康が生まれてから徳川家康が三河を統一し浜松に居城を移し信康に岡崎城を譲った元亀元年（一五七〇）、信長に従い各地を転戦しいよいよ武田信玄と対峙した遠江での合戦、信濃侵攻まで、つまり、永禄二年（一五五九）から天正七年（一五七九）までの二十一年間の生涯を、『三河物語』『松平家忠日記』から検証していきたい。

信康自刃の真相　もくじ

第一章　信康の生涯と家康

沈潜の風

徳川信康は永禄二年（一五五九）、駿河国駿府城に生まれる。母は瀬名姫、後の築山御前である。一つ下に妹亀姫がいる。永禄五年（一五六二）に駿府より岡崎に移る。家康は永禄九年十二月二十九日に勅許を得て松平から徳川の姓に変えている。よって信康も永禄十年から徳川と名乗っていただろうと思われる。

徳川の姓に関しては、江戸時代に入り本家及び尾張、紀伊、水戸御三家のみに許され、他の血縁者は松平の姓を名乗っているが、それは徳川幕府が確立した十七世紀初めからのことであり、それよりおよそ三十五年前の永禄十年、嫡子信康が元服して徳川の姓を名乗ったとしても、それは至極自然なことであろう。

永禄三年、桶狭間の合戦で今川義元が敗れた後、元康（家康）（十九歳）は大高城から松平家ゆかりの大樹寺に一時身を置いた。そして、空城になった岡崎城に入った。

先年二十四歳で亡くなった広忠の法要にも招くことができなかった元康を、とうとう岡崎城に迎えることができた。松平家古参の鳥居忠吉は、苦節十二年、城の主を迎えることができたと涙を流し、密かに蓄えた武器武具を納めた蔵に案内して、「いつか立ち上がる時がくる、その日のために日々の生活に耐え武芸に励み蓄積してきた、殿、今こそ立ち上がる時です」と、訴えたのである。

私は荘内で大切にされている「沈潜の風」という言葉を思い出した。庄内藩には酒井忠次から数えて三代忠勝公が、元和八年（一六二二）、信濃松代から転封してきた。それから十五代忠篤《ただずみ》公まで脈々と、江戸時代二百四十六年を経過している。

この「沈潜の風」という言葉がいつの世に出て来たのかはわからないが、いろいろな変遷を経て生まれた言葉には違いない。明治の政治家で漢学者であった副島種臣は、荘内人の気

信康関係系図

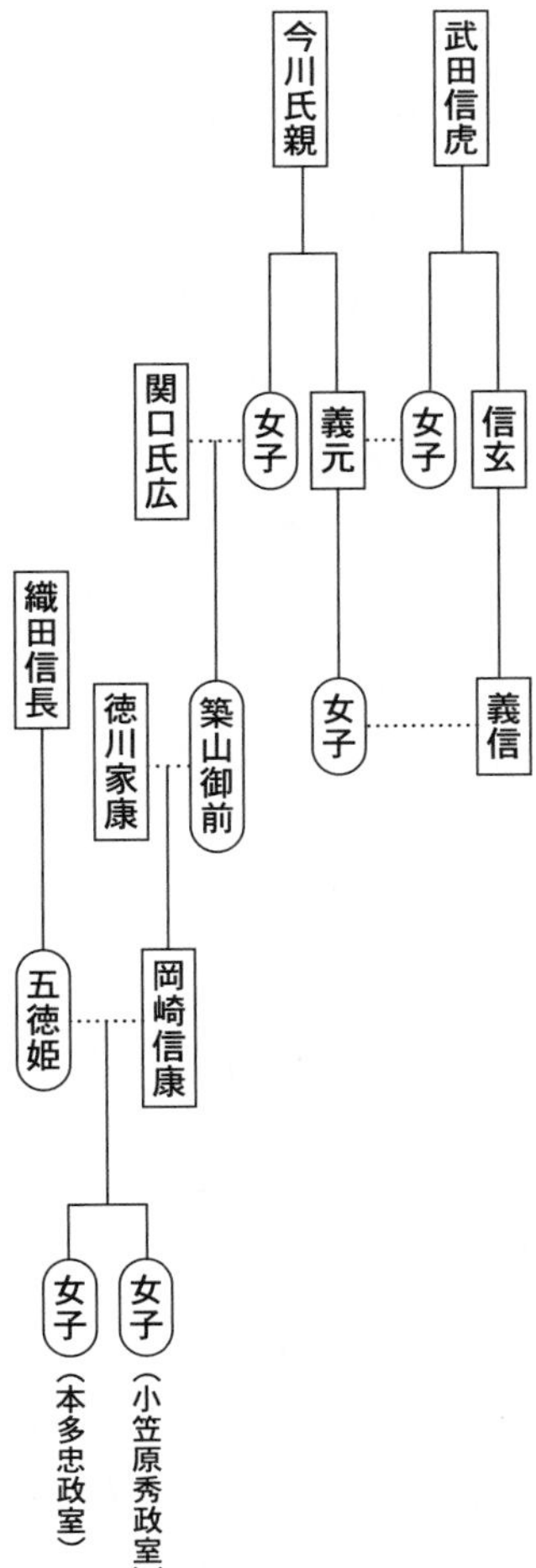

風をさして、「時到るのを耐えて待つ」「常には静かに地道に力を養い、いざという時にはそれを大いに発揮する」と評している。荘内人の真髄であり三河魂そのものの言葉である。

今川からの独立

名を家康と改め岡崎城で政務を取り始めたころ、今川家嫡子の氏真に義元の仇討ちを進言するが聞き入れられなかった。それどころか駿府へ帰って来いと指示が来る。家康はそれを無視し今川との縁を切ることを決断した。さらに、叔父水野信元のすすめで信長と和睦し、西三河の今川家とゆかりのある各城を攻め支配下に治めていく。

永禄五年、家康は織田信長と清須で同盟を結ぶと東三河に進出し始める。家康は駿府にいる妻瀬名と長男信康、長女亀の身を気遣った。そこで、上ノ郷城(蒲郡市)の鵜殿長照を攻め長男氏長、次男氏次を人質に取った。鵜殿長照の妻は今川義元の妹で氏真とは従兄弟になる。氏真に交換を打診すると意外にも快く受けるという返事が来たので、石川数正を派遣して瀬名、信康、亀を取り返した。

家康は今川からの完全な独立を果たしたのである。

これまで家康は祖父清康、父広忠の時代の一門、国人の力と協力、あるいは対峙しながら国を治めてきた。清康の死後、下克上も生まれた。力がすべての時代に家康（竹千代）は岡崎城で生まれ、熱田で二年間織田の人質となり、その後十二年間を今川の人質として過ごし青春時代を翻弄されてきた。

家康は自分の若い時代を思い浮かべ、「自分の子、信康は無事に育ってくれれば良い」と思っていた節がある（『大三川志』）。

しかし、三河での徳川家の環境は厳しく、一人の親としての希望は許されなかった。

三河一向一揆を制圧

永禄六年から七年にかけての半年間、三河一向一揆が起きて混乱する。現世の殿様か、未来永劫の仏様か、どちらを主人にするのか、徳川家を二分する戦いだった。特に上野城の酒井忠尚（忠次兄）や石川康正（数正の父）、そして本多正信などは一向門徒側の中心的役割を担っていた。酒井将監忠尚（左衛門尉）は松平家の筆頭家老で、松平家を二分する力を持っていたのだ。

忠尚はそれ以前から岡崎城の譜代旗本たちと対立していたようだ。岡崎城を自分の意のままにするため、広忠に重役の切腹を迫ったのだ。しかし左衛門尉がお城に入ったと旗本たちに知れ刃傷沙汰となる。広忠の旗本たちは自分たちこそが徳川の柱石であると信じ、一門、国人たちの干渉、支配を好まなかったようである。広忠の時代の一門大叔父の内膳信定、叔父の蔵人信孝などはその代表例であり、酒井忠尚もそうであったようである。

天文九年(一五四〇)、織田弾正忠信秀が西三河安祥の城を攻略するときも、信定と忠尚は織田信秀の味方をしている。織田対今川の代理戦争である。『三河物語』によると、この織田信秀の三河侵略では「酒井左衛門尉(忠次)は内々に織田弾正忠と手を結び」と書かれている。忠尚は酒井家の嫡流なので左衛門尉を名乗っていたと思われるが、(忠次)は間違い。安祥城攻略は天文九年、異説では天文十三年(一五四四)とも言われており、忠次が十三歳、十七歳の頃である。これは間違いなく兄の忠尚である。

時が過ぎ、永禄七年(一五六四)、家康の命で一向一揆側の上野城を攻めて開城させたのが忠次(三十七歳)である。三月、三河一向一揆が終息後、筆頭家老酒井家の名跡を惜しんだ家康は、手柄のあった忠次に酒井家の嫡流を継がせた。また、石川家も一揆側であった康正の弟、家成が家督を継いでいる。

ここで大事なのは、徳川家に対し敵対行動があったとしても、混乱している西三河国を統治していくためには家老職の名跡は必要だったということである。しかし、戦があるた

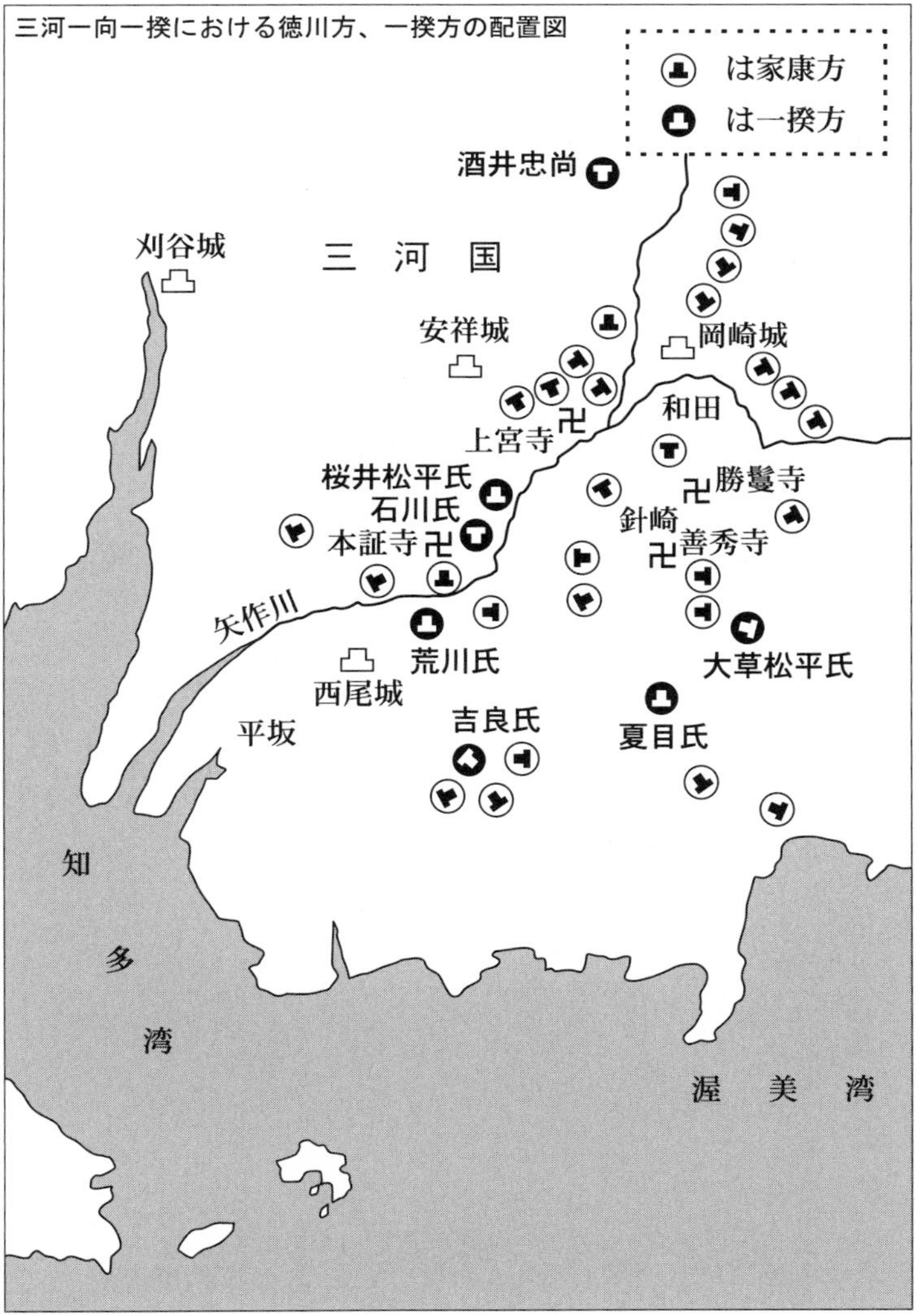
三河一向一揆における徳川方、一揆方の配置図
は家康方
は一揆方
酒井忠尚
刈谷城
三　河　国
安祥城
岡崎城
和田
上宮寺
桜井松平氏
石川氏
本証寺
勝鬘寺
針崎
善秀寺
矢作川
荒川氏
西尾城
大草松平氏
平坂
吉良氏
夏目氏
知
多
湾
渥　美　湾

び一族郎党、親兄弟が殿様の馬前で死んでいく譜代旗本としては、命と引きかえにお家を守り、わずかな恩賞にも耐え、主君に仕えることを誇りとしているのであって、反逆した酒井家や石川家を許すことは決して納得できることではなかったであろう。

六月、家康は酒井忠次に命じて吉田城を攻めさせ城主小原鎮実を追放し、一向一揆から四か月余りで東三河を制圧し、国人たちを支配下に置いて忠次が東三河を統治することになった。

家康、大井川西の遠江を手中に

永禄十年（一五六七）五月、先に婚約していた信康と徳姫の婚儀が行われた。二人とも九歳、岡崎城で暮らしている。二人はいたって仲がよく、八年後の天正四年（一五七六）、十七歳のときに登久姫が誕生し、翌天正五年（一五七七）、熊《ゆう》姫が生まれている。

瀬名は岡崎城外の築山というところに屋敷を構え亀姫と暮らしていたが、元亀元年（一五七〇）五月、信康が岡崎城主になると築山殿として岡崎城に入った。しかし、家康の御台としてではなく信康の御母様として入城したのである。

永禄十一年（一五六八）十二月、家康は引佐《いなさ》郡の井伊谷三人衆菅沼、近藤、鈴木に本領安

永禄11年徳川氏の家臣となった遠江の今川方国衆

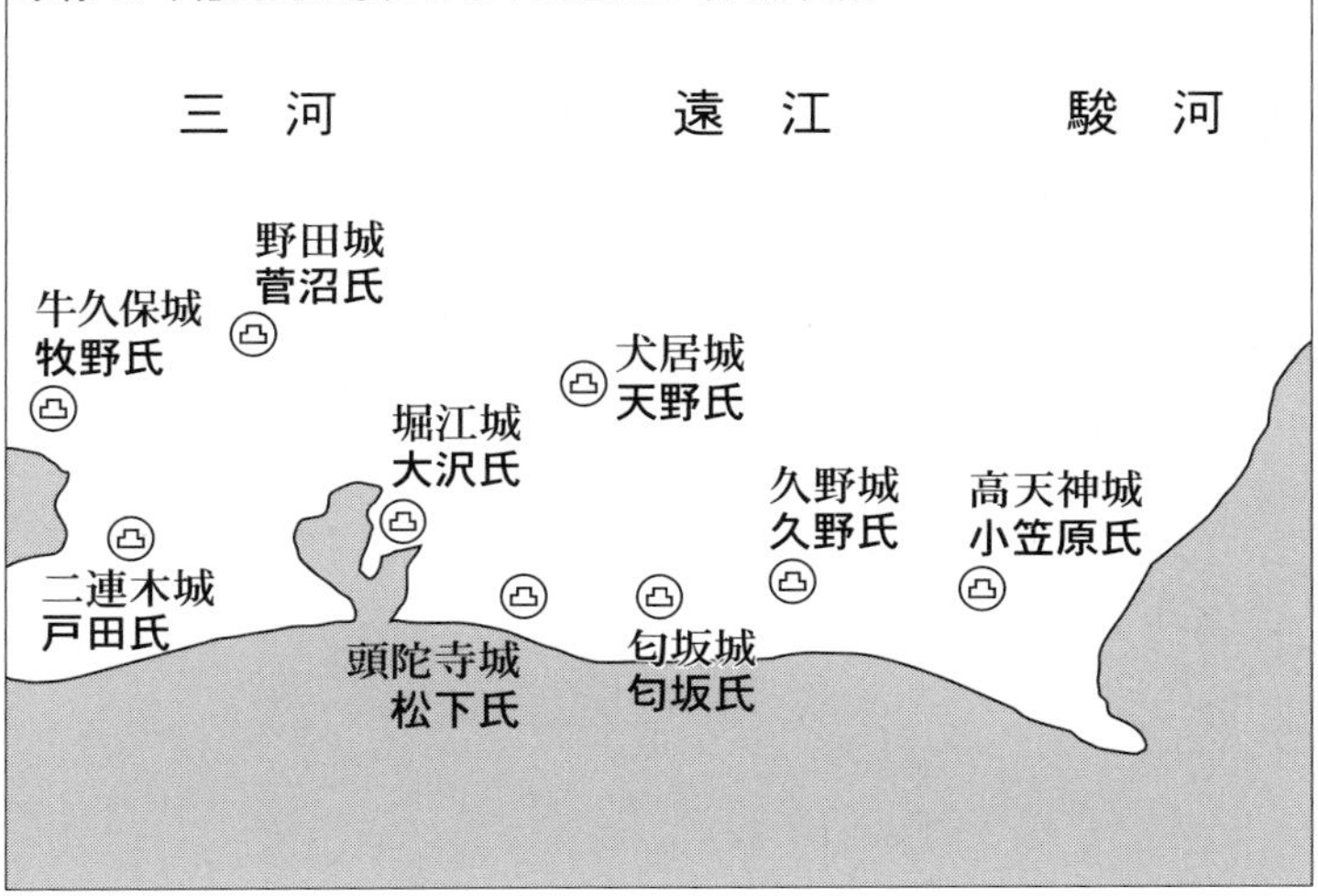

堵と加増を与え遠江の案内役とした。家康の進撃ぶりを見て、今川の家臣たち、高天神城主小笠原長忠、馬伏塚砦小笠原氏興などが続々と帰順してきた。

この時点で信玄と、大井川を境にして駿河は武田、遠江は徳川と約定を交わすが、武田は一歩早く駿府に乱入し統治したため、たびたび遠江に侵入してきた。

家康は、駿府から氏真が逃げて来た掛川城の城主朝比奈泰朝を十二月末に攻め、翌永禄十二年（一五六九）五月に落城させ、氏真を海路で妻の在所の北条氏康に送り届けている。掛川城はこれにより石川家成が城将として守り、西三河の統治を甥の石川数正に担当させた。数正に対する譜代旗本の非難の声が聞こえてきそうである。
これにより家康は今川家旧臣に本領安堵の宛行状を出し、大井川西の遠江をほぼ手中に治めたのである。

家康、浜松城へ

元亀元年（一五七〇）二月、家康は遠江が小康状態になったため、武田軍に対しての今後の防御を考え、同盟国である信長を岐阜城に訪ねて、現在の状況を報告し力になってくれるよう懇願した。家康は信長の力なくしては我が領国三河・遠江が守れないと考えていたからである。そして信長の上洛に従い、足利将軍に拝謁するため二条城にて同席している。また、信長は各大名に足利将軍名で上洛するよう促している。

四月、信長と家康は上京を断った朝倉に対し越前攻めを開始し、敦賀手筒山城を落とし金ヶ崎城を攻めた。ところが朝倉と古くからの同盟関係を重視していた浅井久政・長政親子軍は信長との同盟を破棄し挟み撃ちにしようと小谷城から北へ軍を進め攻撃に転じた。それを察知した信長は、羽柴秀吉を殿軍として残し朽木越えで京都に逃げ帰った。家康も岡崎に帰り、岡崎城を信康に譲り、自身は武田軍に備えるため浜松城を居城とした。

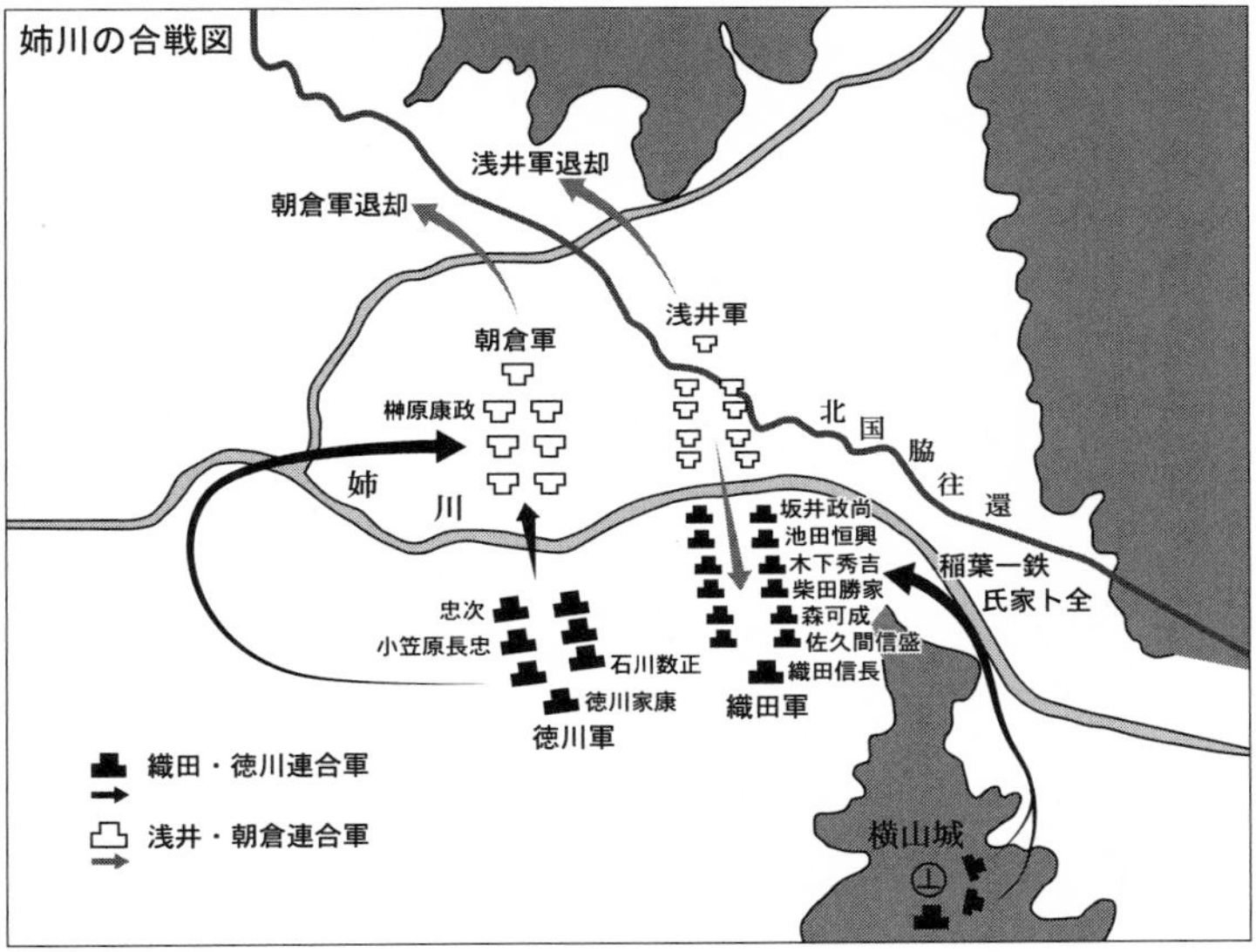

信康は十二歳で岡崎城主となった。

同年六月、近江姉川に出陣、二十八日、織田・徳川連合軍二万九千対浅井・朝倉軍一万八千（『日本戦史』）で、姉川をはさみ合戦が始まった。織田軍は横山城包囲網に兵を分散しており、実際に浅井軍と対峙した兵力はやや少なめだったと思われる。戦いは浅井・朝倉連合軍がやや優勢であったが朝倉軍の隊列が伸び切ったところを徳川軍の榊原康政らが側面から突き崩し形成が逆転した。織田・徳川軍はここぞと総攻撃をかけ浅井軍を崩し朝倉連合軍は小谷城をめざして敗走した。

同年十月、家康は以前から武田側の

行動に不信感を持っていたため、上杉謙信に誓書を送り、越後、上野において武田軍の行動を牽制する作戦に出た。いよいよ信玄と対決せねばならぬ時期が迫ってきたからである。

三方ヶ原の戦い

元亀二年（一五七一）三月には、早速駿河から遠江に武田の偵察部隊が侵入し、信濃方面は伊那から三河に侵入してきた。信長は家康に浜松を捨て吉田城に立てこもるよう進言するが、家康は浜松を手放せば駿河からの侵入で遠江が危なくなると、丁重にそれを断った。四月、武田軍は三河の野田城を落とし、さらに吉田城に迫った。家康は二千の援兵を送り二連木で一戦し信玄を引き上げさせた。

同年八月、信康の元服の祝いを浜松城で行う（信康十三歳）。今でいう小学六年生だが、この年での元服は少し早いような気がする。信康の血気にはやる気持ちがそれをさせたのかもしれない。また、三代前の十三歳で当主になった清康を引き合いに出したのかもしれない。

同年十月、北条氏康の死によって嫡子氏政は家康・謙信との同盟を破棄して武田と結ぶ。氏政の妻は信玄の娘であった。

元亀三年（一五七二）、信玄は北条との同盟関係が整ったことにより相模・武蔵方面にさ

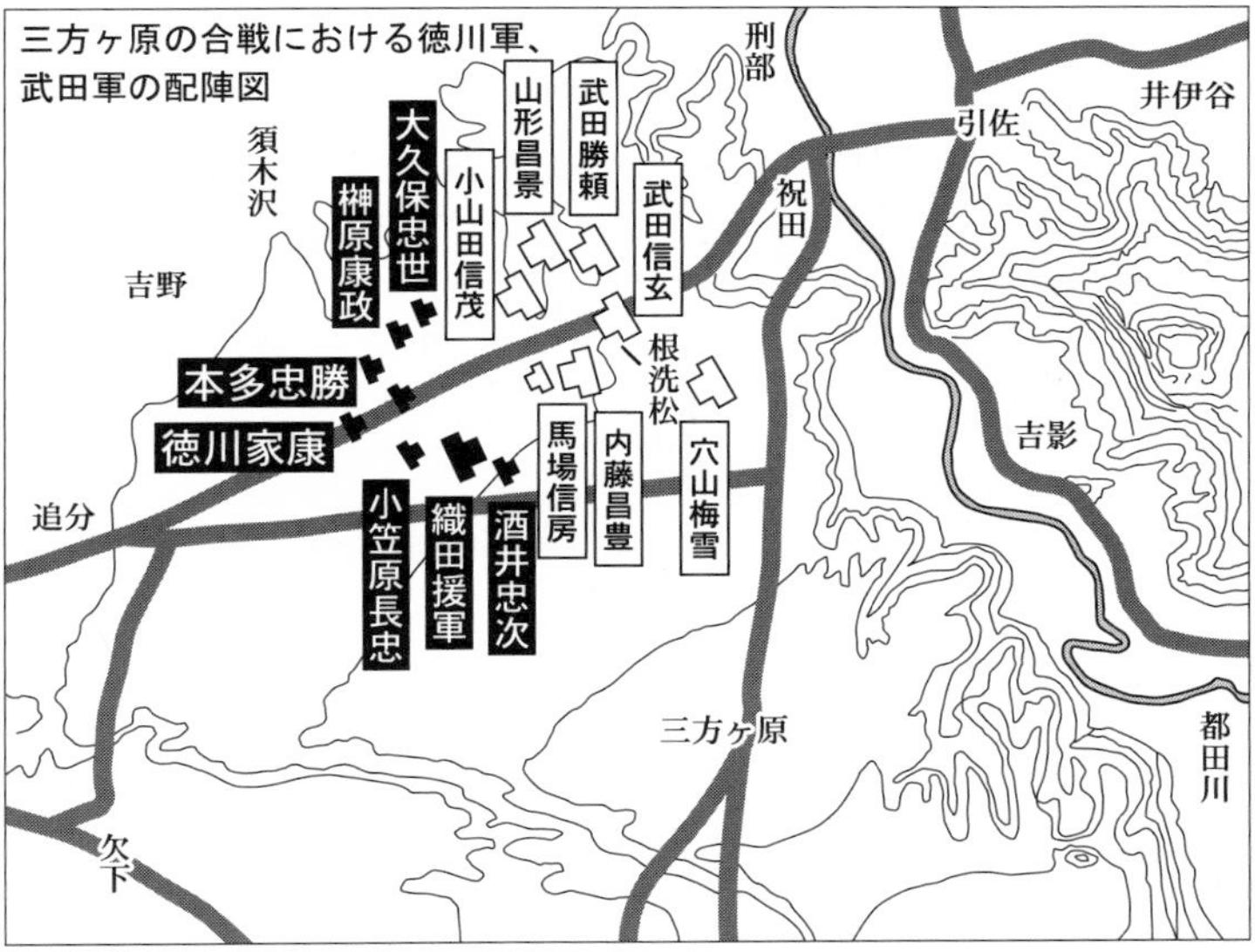

いていた軍を、いよいよ遠江に向けてきた。北から天竜川沿いに二俣城を攻め、山家三方衆を味方につけて浜松城の前を通り過ぎ軍を西へと進めた。浜松城の籠城戦になれば幾日も時間を費やしてしまい、信長包囲網作戦に支障をきたしてしまうからである。また、兵糧の問題も発生する。

浜松城の家康（三十一歳）は、むざむざ自領を侵され指をくわえて傍観して武田軍を西に向かわせては、信長に面目が立たないと、家臣の留めるのも聞かず信玄を追尾し台地の下ったところで後尾から襲撃しようと作戦を立て出陣した。

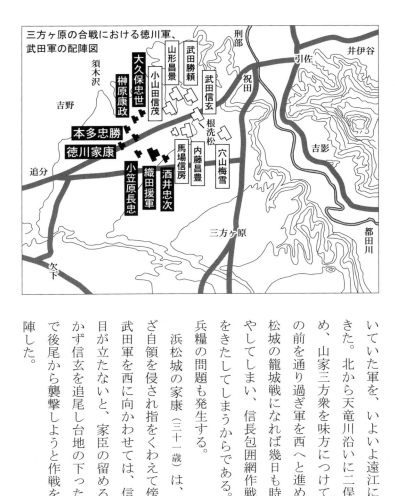

同年十二月、武田軍二万五千に対して、家康軍八千、信長援軍三千、合計一万一千によって追撃戦が始まった。しかし、武田軍はこれを察知し反転、陣を整え待ち構えていた。後世がいう「三方ヶ原の戦い」である。家康・信長援兵軍は破れ浜松城に帰還した。

信康の憤り

元亀四年（一五七三）四月、信玄は野田城を包囲し落城させたが、急に病を発症し軍を北へ返し信濃伊那郡駒場で落命してしまった。家康は武田軍の動きに不信感をいだき「何かが起こった」と思い、東に人を放ち大井川を超え武田領の駿河に再三侵入して放火し武田軍の動静を注視した。信濃方面にも間者を放ち国人たちの動静を図り、信玄は死んだのではないかと疑い、そして確信するに至るのである。

信玄は三年の間死を伏せよ、と言ったそうだ。いつの世もそうだが強いリーダーがいなくなると核になる旗本、国人たち以外はそれぞれの身の振り方を考え、右往左往し寄らば大樹の陰で、軍団が崩れていくのは止む得ないことである。

元号改まり天正元年（一五七三）七月、家康は浜松から岡崎に戻る途中、奪われた長篠城の様子を見定め攻撃に転じた。勝頼も長篠城の後詰めに兵を送ったが、作手城主の奥平貞能・信昌親子が勝頼と手を切って家康の配下になることを申し出たので、十月、長篠城を攻略した後、貞能に長篠城を与え、さらに信昌に娘を嫁がせようと約束をした。おそらく奥平貞能は、長篠城は国境の城、勝頼と手を切り家康殿に味方する限り何か保証がほしいと家康に交渉したのだろう。それが信康の妹亀姫と貞能の嫡男信昌の婚約になるのだが、強者が弱者に自分の娘を人質に出すというのは、交渉事としてはおかしいのではないだろうか。当然信康（十六歳）は「反逆した男を、どうして妹婿に迎えることができようか」と家康に噛みついて対立している。激しく迫る信康を説得するも聞き入れられず、家康（三十三歳）は信長（四十一歳）にお伺いを立てることになった。

信長の返事は、信康の道理を認めつつ、奥平貞能が味方して武田との国境を守るのだから家康が保証を与えるのは至極当然のことかもしれない。家康の方針に納得しなさい、と信康を諭す。信康は渋々引き下がるが、家康の交渉事はやはり妥当なものではないように思える。客観的に考えてみると、築山との間にできた亀姫に愛情が持てなかったのかもしれない。

信康は岡崎城主ではあるが、人事権や領地分配・加増権などの領主としての権利は一切認められてはいない。すべてが浜松の家康と側近の采配に任されている。家康からすれば信康は岡崎城代でしかないのである。しかし信康にすれば、元服し部下を持ち若いとはいえ岡崎城城主である。領主としての権利を父の重臣に任せるなど、決して納得できることではなく大いに憤りを感じ、歯がゆさを覚えたのではないだろうか。

大賀弥四郎事件

天正三年（一五七五）四月、大賀（大岡）弥四郎事件が起きる。浜松で家康の家臣であった大賀は、官僚としての能力が高かったらしく兵站部に力を発揮したようである。その業務は浜松から岡崎へ拡大し、三河国奥郡二十余郷の代官に抜擢され、信康の信頼も得て岡崎でその名を知られていた。

しかし、所詮小役人だったのだろう。

ある時家康が直臣の手柄に加増を与えると、弥四郎は「わしの口添えのおかげだ」といって皆に吹聴したため、その家臣は無念に思い加増を返上した。家康はそれを耳にし、これをきっかけに弥四郎の日頃の悪行を知ることとなり、捕らえられ免職され家財も没収されてしまう。ここで反省すればよかったのだが、逆にこれを根に持ち同僚小谷甚左衛門、倉知平左衛門、山田八蔵重英と共謀し岡崎城を乗っ取り「勝頼を岡崎城にお入れしよう」と連名で書状をしたため勝頼に届けた。思いつきで簡単に勝頼に連絡が取れるとも思えないのだが、「武田への内通」というキーワードが、四年後の信康・築山事件をカモフラージュすることにつながるように、後世はかられたのかもしれない。

しかし、この計画の先行きを心配した山田八蔵は家老の石川数正に計画を話し、家康の知るところとなり謀反を未然に防いだ。大賀弥四郎は再び捕らえられ、浜松城下を引き回され、妻子五人の磔刑を見せられた後、土に埋められ鋸引きの刑に処せられた。小谷は甲斐に逃げ延び、倉知は打ち取られた。（ウキペディア参照）

大賀弥四郎のような存在は、確立された組織、社会ではありえないことであるが、拡大していく途上に小才の利く人間が頭角を現すことは間々ある。

ここで少し話をしておかねばならないが、浜松城は徳川軍の前線基地として国人、譜代旗本が活躍できる場を与えられているが、岡崎城は後方支援（けがの治療、兵站などの担当）と信長との連絡などの窓口としての役割を担っている。

また、譜代旗本親子兄弟は浜松、岡崎と二派に分かれ、岡崎の旗本は活躍する場のないことに不満を持っていたのである。

信康自身は前述の通り岡崎城主としての権限や合戦での指揮権はなく、譜代旗本と共に家康に対して不満を持っていたことは想像できる。

信康の側近であった長沢松平家の代官、松平親宅《ちかいえ》は信康の勇猛さは認めつつも、横暴なところは「御若気の儀これあり候につき、毎度お諫め申し上げ候えども」と諫言していたが、後信康に追放されている（『寛永重修諸家譜』）。

鳶ヶ巣山砦奇襲のねらい

設楽ヶ原の戦いの前夜、酒井忠次は武田軍の補給基地を叩き退路を断つために鳶ヶ巣山砦奇襲作戦を献策した。

長篠城の南方から大野川を渡り大きく迂回して鳶ヶ巣山砦の背後から攻め入る作戦である。忠次を指揮官に長沢松平康忠、深溝松平伊忠・家忠親子、東条松平家忠、竹谷松平清宗、西郷吉員（忠次妹婿）、牧野康成、本多広孝、奥平貞能、菅沼定盈ら東三河勢およそ三千、道案内に近藤秀用、吉川村の豊田藤助、織田軍から金森長近、佐藤六左衛門らの検視役、青山新七郎、加藤市左衛門の鉄砲頭と五百挺の火縄銃で構成された総勢四千は、日吉から久間山砦に近い樋田に設楽貞道の軍勢五百を配置、退路を確保し尾根伝いの険しい道を、小雨の降るなか難渋しながら鳶ヶ巣山の背後にせまった。

鳶ヶ巣山砦には五月八日に着陣した勝頼の叔父武田信実三百を主将に、小宮山隼人助信近を後備えとして守備していた。五つの砦は長篠城を見下ろすように右から君ヶ伏床《きみがふしど》に和田兵部業繁・信業親子二百、姥ヶ懐《うばがふところ》に三枝勘解由兄弟二百、左中山には名和無理之介、五味与惣兵衛二百、さらに久間山には浪合民部守備隊二百の計千百名が陣を張り、その他の長篠城包囲軍は千九百である。

二十一日、払暁酒井軍は五百挺の鉄砲を合図に鬨の声を上げ一斉に攻め込んだ。武田軍は狼狽しながらもよく防戦し、鳶ヶ巣山砦では壮烈な争奪戦を三度も繰り返したが衆寡敵せず、信実以下ことごとく討死を遂げた。

各砦は分断されたまま連携が取れず防戦に努めたが各個撃破され、敗兵は勝頼本隊への合流をめざし、山を下り乗本村から有海原方面に敗走した。奇襲部隊に猛追された有海陣地の高坂昌澄（高坂弾正昌信の長男）まで打ち取られてしまった。また、深追いした深溝松平伊忠は、ここで討死する。正午頃であったという。

この鳶ヶ巣山砦の戦いでは天野惣次郎と戸田半平重本が話題になった。世間では戸田半平の一番乗りの活躍が評判になっていたが、先陣したのは天野惣次郎の方であった。しかし天野は指物をささない「ずんぼう武者」で目立たず、半平は銀色の鮮やかな背旗を付けた出で立ちであったため手柄は戸田半平に持っていかれた。
戦場では目立つことが恩賞につながり大事なことだった。
松平家忠は追撃戦で父伊忠が打ち取られたため、深溝松平を二十一歳で継いでいる。
武田軍の主将兵庫介信実は防戦むなしく討ち死にしたが、その子の信俊は天正十年(一五八二)、武田家滅亡の後家康に見いだされ二千石の旗本となり善政を敷いたという。

この奇襲作戦は単に武田軍の物資の補給基地壊滅のみでなく、勝頼軍の背後を攻撃して退路を遮断し、設楽ヶ原に軍を進め戦わざるを得ない情況を作り出すことにあった。部隊の背後を襲われたことにより動揺が起こり、後にそれは恐怖に変わっていく。

勝頼とその側近はそれが兵に伝わるのを恐れ、三重の馬防柵の前後に陣を取っていた織田・徳川連合軍に寡兵で立ち向かわざるを得なかったのである。また、あまりにも防御に徹していた織田・徳川軍を見て、まだ部隊は整っておらず、これから援軍が来るのではないだろうかと疑心暗鬼が生じ、「戦いは今か」と軍を進めたのかもしれない。

信長は、陣は整ったがにらみ合いを続け厭戦気分から勝頼軍が引き上げるのではないかと不安を感じ、勝頼から戦を仕掛けてくることを望んでいた。

長篠城武田軍包囲網図

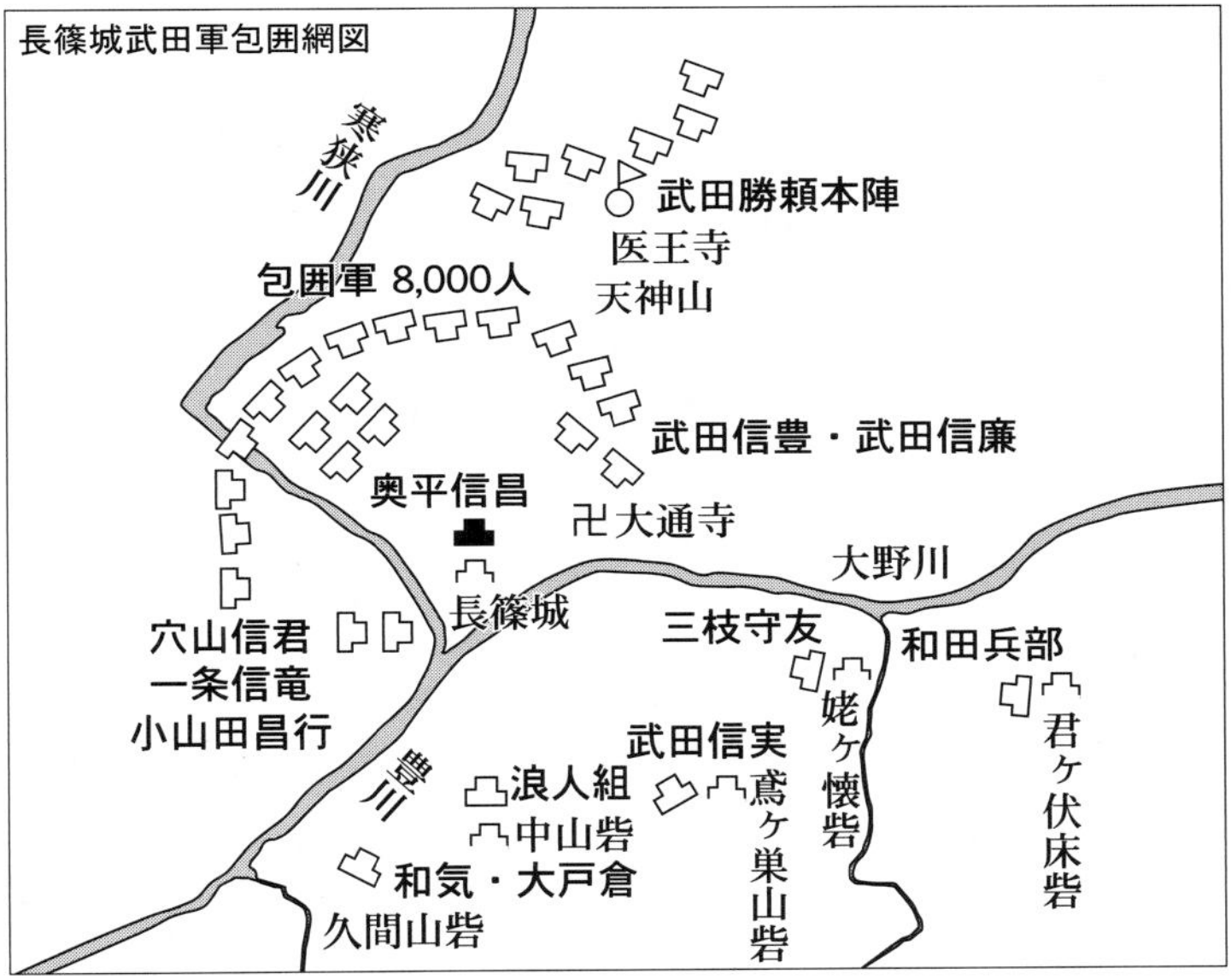

酒井忠次の献策を取り入れたのはこのためで、体制の整った織田・徳川連合軍に一大決戦を仕掛け勝頼軍に壊滅的打撃を与え、武田家滅亡を促す信長の戦略で、鳶ヶ巣山砦他乗本の四砦を急襲する意味合いはそこにあったのである。

　この鳶ヶ巣山砦の戦い及び設楽ヶ原の合戦の勝利により長篠から武田軍を撃退し、いよいよ家康は元亀三年以降四年ほど信玄に奪還されていた遠江、そして信濃への進出と経営に乗り出すのである。

　天正三年（一五七五）六月、大井川を渡り駿河に兵を入れて各地を放火し

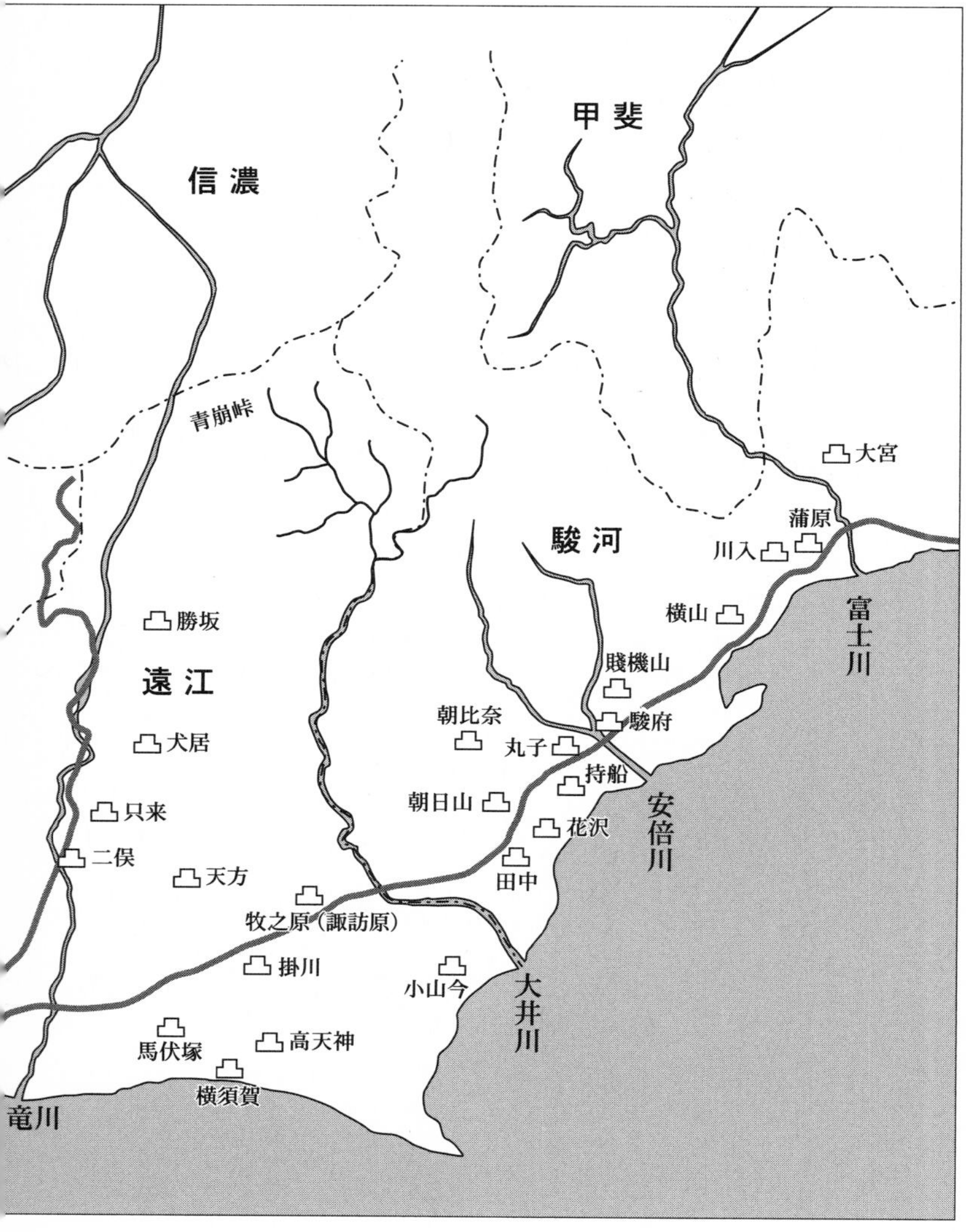
甲斐
信濃
駿河
遠江
青崩峠
大宮
蒲原
川入
横山
富士川
賤機山
駿府
朝比奈
丸子
持船
安倍川
朝日山
花沢
田中
勝坂
犬居
只来
二俣
天方
牧之原（諏訪原）
掛川
小山今
大井川
馬伏塚
高天神
横須賀
竜川

尾張、三河、遠江、駿河の城郭配置図（天正はじめころ）

武田軍を牽制しながら、武田軍に奪還された二俣城を大久保忠世に攻撃させる。二十四日には光明寺城主朝比奈又太郎泰方を降伏させ、十二月には二俣城主依田信守・信蕃親子を降伏させ開城している。

家康と信康の確執

天正四年（一五七六）、信康（十八歳）は、冷遇されていた異母弟於義（四歳）（後の結城秀康）を不憫に思い、三河三奉行の一人、本多作左衛門重次に命じて岡崎城に呼び家康と初対面させ正式に二男と認めさせた。信康の男気を感じさせる一コマである。家康は自分の子かどうか疑問を持っていたという。

天正五年（一五七七）十月、勝頼が遠江、大井川近くの小山今城に入る。これに対して家康・信康軍は即日高天神城西の馬伏塚城に着陣する。

天正六年（一五七八）八月二十一日、家康・信康軍は牧之原城（武田方の呼び名は諏訪原城）に入り、それから小山今城へ押し寄せる。勝頼は駿河の田中城に入り出陣を命じ大井川を一番隊、二番隊と軍を進めた。家康は信康軍に撤退の指示を出すが、信康は「迎え撃ちましょう」と進言する。家康は却下した。信康はあきらめきれず撤退方法に口を出す。「これまでは敵に向かっていたので私が先に進みましたが、これからは敵を後にして引き上げることになるのでまず、上様お引き上げくださいどこに親を後において先に引き上げる子がいましょうか」という。大殿のお言葉は「せがれはわけのわからぬことをいう。早々に引き上げよ」だった。何度も押し問答されたが、とうとう信康は退却しなかったので大殿はおれて引き上げる。信康もそのあとを整然と隊伍を組んで引き上げた。勝頼軍と一戦できなかった信康の意地のあらわれであった。勝頼も川を越すことなく、また川を越した者も引き上げさせた。家康もいったん牧之原城に入城し浜松へ帰った。

一説には、この時期川は増水しており渡河することは難しいといわれている。

『三河物語』では天正五年になっているがこれは間違い、『家忠日記』を採用する。

天正六年十一月二日、武田軍が小山今城に入ると、家康・信康は馬伏塚城に着陣する。武田軍は高天神城へ兵糧を入れる。そして最前線の横須賀城を攻める。信康は「叩くべし」と決戦を進言したと思われるが、家康は、今はその時ではないと籠城作戦をとり、守りに徹し信康の言を退けた。家康は信康を武勇に優れた武将と認めつつも、若さゆえ時局の判断ができていないとしたのだ。勝頼に奪われた高天神城は周りを固めていれば孤立し、いつかは落城するだろうと考えていた。その通り天正八年（一五八〇）九月から高天神城の包囲網をしき兵糧攻めにした。翌三月、逃亡する兵が続出し城代岡部元信は討死し城は陥落した。

余談だが、生き残った城兵は許されたが、ただ一人武者奉行孕石《はらみいし》主水元泰は切腹を申し付けられた。それは今川家臣時代に家康と屋敷が隣り合わせで、鷹狩の好きな家康の鷹が孕石の屋敷に獲物を落としたり、糞をしたりしていたので、孕石は「松平の小せがれが」と再三悪口を並べ立て家康の屋敷に苦情を申し立てていた。それを苦々しく思っていた家康は、数十年後にその仕返しをしたのだった。なんと執念深さを感じる出来事であろうか。

話を戻すが、勝頼軍との高天神城、横須賀城での戦いにおいて、若くて勇猛な信康は武田軍と一戦し決着を付けるべしと考えていた。しかし、家康は籠城作戦をとり、しっかり守れと指示をするので、信康はなぜ戦わせてくれないのかと思い、無視された怒りと臆病なオヤジと見下す気持ちが増幅していったに違いない。二人の確執は深まっていくのである。

しかし実は、徳川軍の戦略を練っていたのは謀臣本多正信と推測され、家康は本多正信のアドバイスにしたがい決断していたのである。

ここからは『家忠日記』を参照し解説する。

天正五年十月から天正七年四月までの一年半に、浜松の家康軍と岡崎の信康軍は、四度一緒に出陣している。そして意見の対立が起きるのである。

この件については前記しているので省くことにする。

次に天正六年の家康・信康の鷹狩の状況を見比べてみる。

《家康》

天正六年一月、家康は吉良方面で信長を鷹狩に招待する。

天正七年一月、家康吉良方面で信長と鷹狩をする。

《信康》

天正六年一月四日、鷹狩を行う。

天正六年十一月六日、鷹狩を行う。

天正六年十一月十五日、国人衆に鷹の雁を振舞うことがあった。一月にも振舞ったかもしれない。


鷹狩の獲物の振る舞いは主君が家臣に行う習慣であり、信康は徳川家の後継者としてふるまっていたことになる。また、信康は岡崎を中心に家康とは違った信康なりの次期政権づくりをしようとしている。

天正六年二月四日、東三河の深溝松平家忠宅に信康の母築山から手紙が届く。続く十日には、信康は深溝に家忠を訪ねてきている。今の岡崎の体制は家康の側近で固められており信康自身の重臣を作ろうと体制づくりに入ったと思われる。家忠は信康の四歳上で気心も通じたのだろう。今後頼りにすると言われたのだろうか。その後信康を主君として岡崎城に出仕している。また、三河の国人衆に岡崎城に出仕するよう命令を出している。

家康はこうした信康の行動に不安を感じ、天正六年九月五日、直臣鵜殿善六を通して牧之原城にいる東三河の国人深溝松平家忠に岡崎に詰める必要がないと伝えた。

また、同様に三河の国人衆に対し、信康のいる岡崎城に詰めることは今後無用であると指示が出されている。

同年九月二十二日、岡崎に戻った家忠に吉田城主酒井忠次からも同様の命令が伝えられた。家忠は東三河の国人として忠次の指揮下に入っている。

松平家忠は確認のため、自ら西三河の責任者である石川数正、平岩親吉に使者を送ったところ、自分の所領へ戻れと返事があった。そのため家忠は九月二十六日に妻子を深溝に返し翌日自分も戻った。この処置は、家康が信康の様々な言動において不信感を持ち、信康と三河の国人衆との関係を断ち切ることにあったと思われる。

信康自刃一年前から家康は信康とその国人衆の結びつきを警戒していたことになる。遡ること、永禄八年（一五六五）、武田信玄の嫡子義信とその傅役飯富虎昌の「義信の反逆」が頭にあったのかもしれない。また余談だが、「本能寺の変」のときに信長は「城之介の裏切りか！」と叫んだという。戦国の親子関係は決して従順なものばかりではないということかもしれない。

信康と徳姫の不仲

信康と徳姫の間には天正四年に登久姫、五年に熊姫《ゆう》が相次いで生まれ仲睦まじい夫婦として暮らしていたと思われる。

築山は徳姫のことをどう思っていたのだろうか。

築山が岡崎に来たときは、信康とは別の生活を強いられ主人家康と会うこともままならず、悶々とした生活を送っていたと思われる。信康が岡崎城主になると御母様として入城し共に暮らし始める。もし駿府にいたなら何不自由なく気ままに暮らしていただろう築山である。築山は自分をこんな立場に追い込んだ信長とその娘徳姫が気に入らなかったのではないか。

家康が信長と同盟を結んだときには、氏真によって父関口親永は自害させられ母もその後を追っている。当時二十代の築山にはショックだったに違いない。同情に値する。信康は母の苦悩を身近に感じるようになった。信康には今川の血が流れているのだ。

徳姫には男子の誕生がなかった。築山は信康に側室を持たせ母として強く干渉していったたろう。嫁と姑の対立は若き信康を巻き込んでいった。そんな奥向きの状況から夫婦仲も変わり始め、折り合いが悪くなり冷え込んで対立していったことも考えられる。

天正六年一月に信長は家康と共に鷹狩を行っているが、その帰りに岡崎城に寄って信康との仲を心配し徳姫を見舞っている。

天正七年一月にも同じ場所で鷹狩を共にしている。この時も信長は岡崎へ寄ったかもしれない。

天正七年六月五日、家康は信康と徳姫の仲を仲裁するため浜松より岡崎に赴いている。

「家康浜松より信康御□□の中なをし二被越候、□□□時□□家康御屋敷□□□御渡し候てふかうすかへり候」と、『松平家忠日記』に記述がある。残念ながら肝心なところが読めないが、新行紀一氏は「家康浜松より信康と御新造様（信長の娘徳姫）を仲裁するために来た」と推測している。この時期、信康と徳姫の不仲は事実であったようである。

天正七年五月に安土城が完成した。同年七月十六日、家康はお祝いの使者として娘婿の奥平信昌と重臣酒井忠次を任じ、鷹と駿馬をお祝いの贈り物として届けさせた。また信昌も忠次も同様の贈り物をした（『信長公記』）。

この時、忠次から信長に密談が持ちかけられた。それは信康と徳姫に関することだった。家康の意を含んだ忠次は岡崎の重臣と打ち合わせの上、最近の信康の言動について、また、徳姫との仲について信長に相談し指示を仰いだのではないだろうか。

信長からは徳姫から十二ヵ条の書付があり、信康の領民に対する乱暴な振る舞い、岡崎城内での言動が横暴なこと、家臣の諫言を聞き入れず非道に走り追放したこと、築山殿の徳姫に対する仕打ちなどを伝え協議をしたと思われる。

『三河物語』ではこの手紙を酒井忠次に託したとあるが、これには無理がある。天正七年ころの忠次は東三河の統治と信濃の計略、また遠江にも関わっていた。西三河は石川数正が統治し、忠次は岡崎には関知していない。これは徳姫の御付きの者が信長に届けたというのが自然であるように思う。この「酒井忠次が」という文言には『三河物語』の作者彦左衛門の意図が感じられる。また、酒井忠次が信康の切腹を誘導したかのように書かれているが、これも無理がある。忠次にはそんな権限はない。また、信長は敵には怖い存在であるが、同盟国の重臣には特に気を使っている。もしも信長の命令であるとするなら、信康一人を死に追いやればよいことで時間を置かず処断しなければならない。そして築山を殺害する理由がないのである。

信康の謹慎、切腹

『三河物語』をじっくり読むと、作者大久保彦左衛門が何に不信感を持ち怒っているのかがよくわかる。それは歴代の譜代旗本が僅かな俸禄にも耐えて徳川家一門、有力国人衆から徳川家の嫡流を守り、親兄弟の死と引き換えに大大名に押し上げ平和を勝ち取ったのにその功績をないがしろにし、いまや片隅に追いやられ不遇な目にあわされていることなどである。

信長は自身に対しての裏切り行為には断固たる厳しい処分を行っている。

まず、家督を継いだ後一門の反対勢力を滅ぼし、永禄元年清須城で弟勘十郎信勝(信行)を謀殺し、比叡山の焼き討ち、朝倉軍落武者を集めてなで切り、信長千草越えの狙撃者杉谷善住坊をのこぎり引き、天正二年正月、朝倉・浅井親子のドクロ金箔の肴、伊勢長嶋一向一揆討伐干殺し、焼殺、投降者火縄銃で皆殺し、越前一向一揆捕虜皆殺し（三～四万）、美濃岩村城秋山信友と信長の叔母お直を長良川河畔で逆さ磔、天正五年、松永久秀一度は降伏して家臣になるも反逆して敗れ自害に追い込まれる。天正六年、播磨の別所長春と摂津の荒木村重、中川清秀、高山右近裏切り、天正七年、荒木村重の一族京都六条ヶ原で斬首、武将の妻摂津で磔（百二十二人）、軽き侍の妻、若党ら（五百十二人）焼殺。

信長の野望に対する裏切りの報復は尋常なものではなく壮絶を極めるものだ。しかし、今回の密談は織田家に対する裏切り行為ではなく、徳川家の内々の問題であり家康の息子と信長の娘の夫婦の問題である。両家は互いに必要な存在であることから信長に知恵を拝借ということになったのではないだろうか。結果、信長からは「徳川家の内々の事、家康殿の良きようにするよう」と返事があったという（『当代記』）。

信長に対面した後の七月十七日から八月二日までのほぼ二週間、家康は参謀正信と密談を交わしたに違いない。築山の徳川家に対する反逆的態度、信康の勇猛にありがちの乱暴な気性、そして信康を主と仰ぐ従順な譜代旗本たちの行動の制限をどうしていくかを検討したのだろう。

そして天正七年八月三日、その時はやってきた。

軍律を厳しくした浜松の軍勢が家康と共に岡崎城にやってきた。信康とそれを迎える家臣一同には何事が起きたのだろうかと緊張が走った。

家康からの追放の告知で信康と激しい口論になった。信長の切腹命令なら口論には成りえないだろう。重臣たちの一人石川数正は無論知ってはいたが、ほとんどの家来は何が起きたのかわからず唖然としていた。

天正五年、二人の姫たちが生まれたころまでは家康との仲は普通であったであろう。しかし、その後築山の悪意ある讒言、遠江における武田との戦いにおいて信康との攻守での意見の対立、信康の当主であるかのような振る舞い、家臣を巻き込んで徳川家の分裂を図ろうとする危機を、家康自身は感じ取ってしまったに違いない。

そして家康は決断したのだ。その日に大浜城へ移送し、岡崎城の信康の譜代旗本たちとの分離を図った。また松平康忠、榊原康政によって岡崎城の旗本を鎮撫し動揺を抑えた。旗本一人一人から信康との音信を禁止する起請文を取り、腰を低くした本多正信がそれを受け取ったのである。

家康は翌日大浜城に近い西尾城に移り、厳重に警備をして誰も寄せ付けさせなかったという。

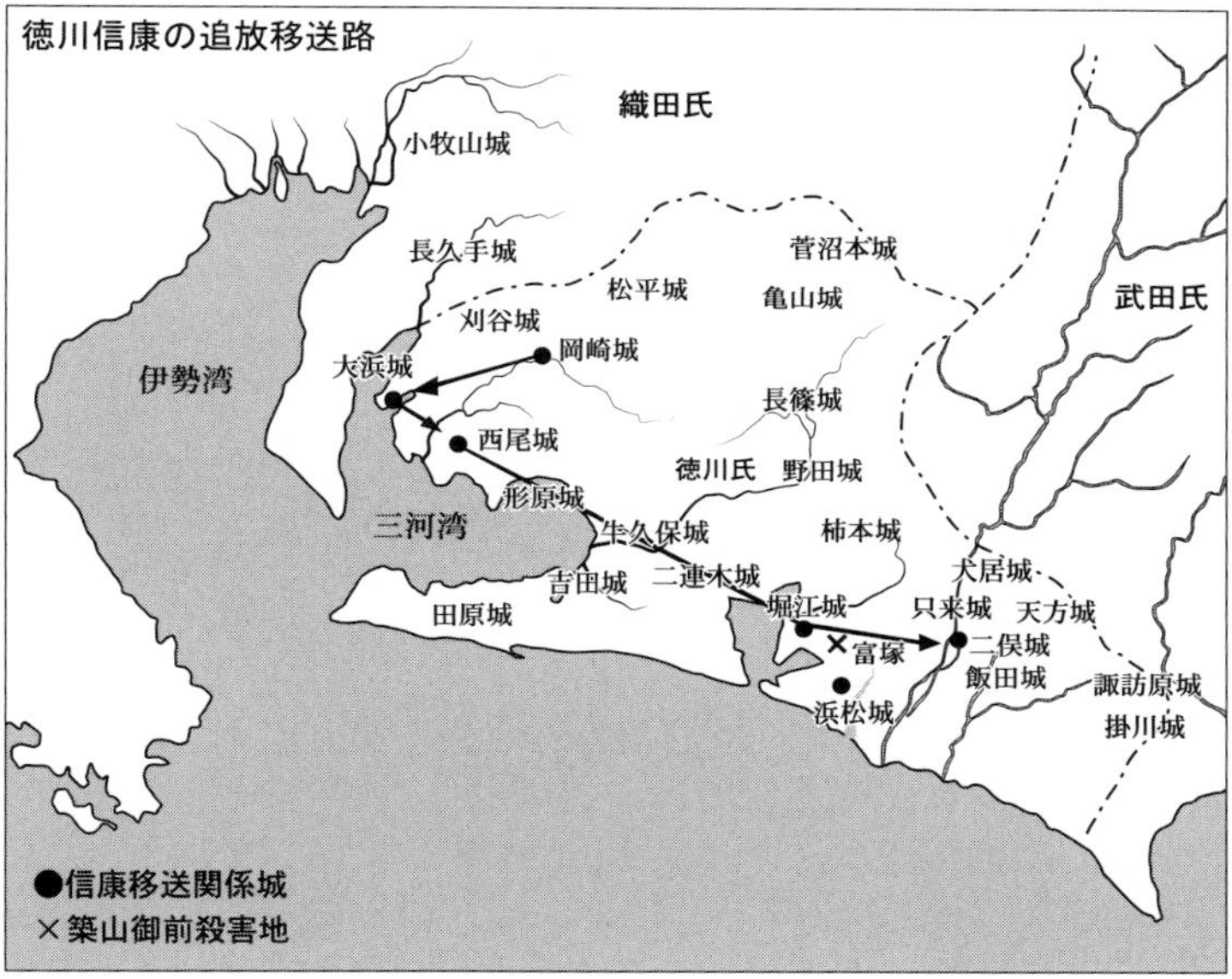

徳川信康の追放移送路

八月九日、信康が謹慎して六日目、五人の小姓と共に浜名湖の東、堀江城に入り翌日天竜川沿いの二俣城に幽閉された。幽閉といっても行動範囲は限られてはいるが生活は自由である。信康はこれまでのことと自分の気持ちを城主大久保忠世に訴えただろう。そして、彦左衛門はそれを兄からつぶさに聞いていたのである。

　大久保家は代々松平家の嫡流を忠実に守ってきた。その大久保党の党首忠世に信康の身を預けた。忠世も長期謹慎という形を取り時間の経過を待とうとしたのかもしれない。

しかし浜松の家康の参謀たちの考えは違っていた。これからの徳川家を考えると当主の絶対的権威が必要となってくる。

武田家の終焉はもはや時間の問題、三河、遠江、駿河、信濃そして甲斐と目の前に大きな領国の経営が待っている。一門、国人領主や家臣たちに今までのような態度で接するわけにはいかない。大大名としての権威と権力が必要になってくる。本多正信は家康にそう説いたのではないだろうか。信康様には徳川家の威信のための礎になっていただきたいと説得したのではないだろうか。

天正七年九月十五日、浜松の統帥部から切腹の命が下った。岡崎を出てから四十三日目の出来事である。家康と信康のボタンの掛け違いから始まった事件であった。一方は誤解を解こうと必死になり、一方は徳川体制、政権の確立を成し遂げるための止むに止まれぬ行為であり妥協は許されなかった。いつまでも交わることができない平行線なのである。両者が犠牲者であった。

第二章　『三河物語』にみる信康の自刃

『三河物語』と作者の大久保彦左衛門忠教

『三河物語』の作者は大久保彦左衛門忠教《ただたか》。永禄三年（一五六〇）に生まれ、寛永十六年（一六三九）に八十歳の生涯を終えている。父は大久保忠員《ただかず》で男兄弟十人の八番目である。大久保忠教というより大久保彦左衛門といった方が世間に通っているので、以下、親しみを込めて彦左衛門で紹介していこう。

『三河物語』の完成は元和八年（一六二二）～寛永二、三年（一六二五、六）で、それ以後多くの写本が作り出されている。

戦国期の戦の描写、武士の作法・心得、人間関係などが書かれており、当時の社会の様子がわかり、また、人間の本質をついているところなどが興味深い。

しかし、登場人物の役職、元号等の間違いや、年代が前後していたりわからなかったりするところが多く、本人の経験で書かれたものばかりではなく、人から聞いた話や他の書物からの引用もあると思われる。

彦左衛門は天正三年（一五七五）に十五歳で二俣城攻撃に初陣を飾り、長兄忠世（四十三歳）、次兄忠佐（三十八歳）について幾多の戦場を駆け巡り、二人の兄からすべてを実戦で教わった武辺者で、中堅の旗本として頑固なまでに筋道を通す忠義者であったようである。

その昔の大久保党は主君の代替わりに遭遇したとき、あくまでも嫡流第一主義を取り、たとえ優秀な弟がいても長男第一主義であるという意見を唱えている。また、いかなる社会情勢であろうとも旗本あっての主君であり、主君に対する裏切り行為は絶対に許さないとし、主君と運命を共にする考えを大切にしている。

しかし、その反面融通がきかず、領土が広がり新たに取り立てられた元の国人の待遇を批判したりしている。彦左衛門は自己中心で武に徹する人間を踏襲しているといえる。

戦国から平和になっていく時代、武から文へ移り変わる時代、譜代旗本の武辺者は隅に追いやられ活躍の場所を徐々に奪われていった。

なぜ彼らはのけ者にされなければならないのか、晩年の彦左衛門はそのことに大きな憤りを感じ、先祖代々譜代の者たちが一命を賭してどれだけ徳川家に貢献してきたか、彼らの先祖の名前をあげ、歴史書として書きしるし、当世社会の不満を持つ譜代旗本に誇りを持って生きてほしいと願い、譜代としての意識の共有を図ろうとした本、それが『三河物語』ではないだろうか。

私自身『三河物語』から最も知りたいことは「信康自刃」の真相である。

多くの研究者は、「松平信康の切腹」の条に記された内容を根拠に自説を展開し、それが歴史上の事実となっている。現在はやや修正されてはいるようだが、根拠がはっきりと示されているわけではない。ただ「現在は訂正されている」と書かれているのみである。

そこで私は『三河物語』『松平家忠日記』を読み返し、彦左衛門が本当に伝えたかったことと松平家忠の忠実な記録を合わせながら、信康事件を今一度見直し、訂正されつつある根拠を掘り起こし、あらめてその真実に迫ってみたいと思う。

なぜなら私は平成二十年から縁あって山形県庄内地方にかかわりを持ち始めたが、未だに酒井忠次が徳川家の重臣として信康の死に関係していた、もっとはっきりいえば世間の噂通り死に追いやったという歴史観が、まことしやかに流布されていることを知ったからである。

それでは三河物語を見ていこう。

『三河物語』一

七代清康

松平初代親氏、二代泰親、三代信光、四代親忠、五代長親、六代信忠、七代清康、八代広忠までの生涯と歴史が書かれている。

大久保家は三代信光から歴代松平家当主に仕え、中堅の譜代旗本として忠節を誓い、頑固なまでに筋道を通し、代替わりにおいては嫡流第一主義を唱えている。

六代信忠は暗愚な当主といわれ、武辺者ではなく、政治手腕もなく、慈悲の心もないので当主としては一門、旗本、国侍から信望を失い、国が分裂するのではないかと民百姓も心配し不安な日々を送っていた。将来を懸念した多くの一門、家臣から同じ五代長親の血を引く三男内膳信定を代わりに跡継ぎにしてはどうかという意見が出され、それが大勢を占めるような状況になっていった。しかしもう一方では、たとえ跡継ぎ候補が暗愚であっても、それを支え前代の政治を踏襲すれば良いではないか、それが譜代の家臣の役目であり、主君を嫡流以外の子に取り替えることは心中恥ずかしいことだし、末代まで祟りがあろうという意見があり、家中が真二つに分かれてしまった。そんななか信忠は惣領権を行使し家督を継ぎ、従わない中心人物を成敗してしまった。これで一見治まったように見えたが、一門はじめ小侍までが出仕しなかった。憤った信忠はそれならと家督を長男次郎三郎清康に譲り大浜の郷（碧南市）に隠居してしまった。

大永三年（一五二三）、七代清康は十三歳で家督を継いだ。武辺に優れ慈悲深い当主だったので、先代信忠から離れていた一門・家臣はこれを聞き及び、ふたたび出仕するようになった。

大永四年（一五二四）、清康十四歳、額田郡山中城を攻め落とす。大久保忠茂（彦左衛門の祖父）の策略で落としたのである。山中城を取られた岡崎城の松平弾正左衛門督昌安（大草松平三代当主）は、これ以上抵抗できぬと判断し、娘「於波留」を清康に嫁がせ岡崎城を渡し自らは大草に隠棲した。その後はこれまで出仕しなかった者、敵対し降参してきた国侍を許し、慈悲の深いところをあらわし、清康は西三河を手中に治めた。

西三河を治めた後、尾張に進撃し、岩崎（小牧市）、品野（瀬戸市）を攻め従わせた。

享禄二年（一五二九）、西三河、尾張の一部を従えた清康は、今度は東三河に進出、豊川を挟んだ吉田城の対岸一帯の下地に両軍布陣して戦い、牧野信成を滅ぼし吉田城を手中にした。

松平氏略系図

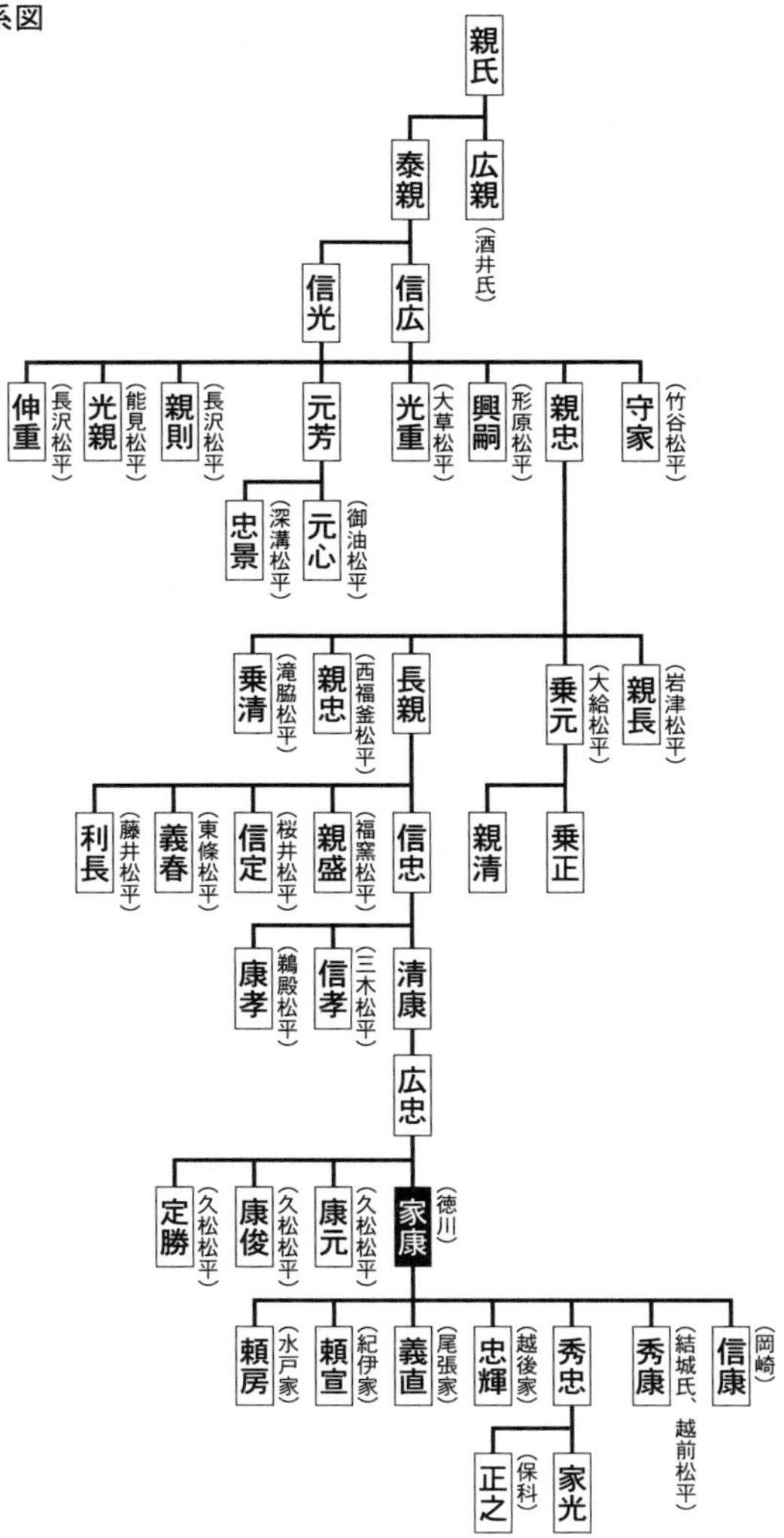
親氏
泰親
広親
（酒井氏）
信光
信広
仲重
（長沢松平）
光親
（能見松平）
親則
（長沢松平）
元芳
光重
（大草松平）
興嗣
（形原松平）
親忠
守家
（竹谷松平）
忠景
（深溝松平）
元心
（御油松平）
乗清
（滝脇松平）
親忠
（西福釜松平）
長親
乗元
（大給松平）
親長
（岩津松平）
利長
（藤井松平）
義春
（東條松平）
信定
（桜井松平）
親盛
（福釜松平）
信忠
親清
乗正
康孝
（鵜殿松平）
信孝
（三木松平）
清康
広忠
定勝
（久松松平）
康俊
（久松松平）
康元
（久松松平）
家康
（徳川）
頼房
（水戸家）
頼宣
（紀伊家）
義直
（尾張家）
忠輝
（越後家）
秀忠
秀康
（結城氏、越前松平）
信康
（岡崎）
正之
（保科）
家光

さらに、田原城に迫り戸田宗光を降伏させた。

田原に三日間陣を敷き吉田城へ凱旋すると、山家三方配下の作手城（新城市）、長篠城（新城市）、田峯城（設楽町）、野田城（新城市）、そして牛久保城（豊川市）、設楽城（設楽町）、二連木城（豊橋市）、伊那城（豊川市）、上ノ郷城（蒲郡市）など東三河の諸氏がこぞって服従を申し出て来たので、それを許した。

享禄三年（一五三〇）、三河の統一を図るため、松平一門と東三河の軍を率いた清康軍三千は遠江国境に近い宇利城（新城市）の熊谷備中守直利を攻めた。この戦いで清康の叔父、松平右京亮親盛は勇猛果敢な武将であったらしく、弟内膳信定と攻め寄せたが内膳信定の傍観により討死してしまう。清康はなぜ助けなかったのかと信定を詰問する。それが原因で後の森山攻めには参加せず、誤解が生じ阿部弥七郎正豊の事件が起きてしまう。

熊谷氏

熊谷氏とは源平合戦で活躍した熊谷次郎直実の五代後裔、鎌倉末期の元弘三年（一三三三）、足利尊氏の六波羅攻めに参加した熊谷直鎮《なおつね》が三河国篠郡を賜ったことに始まるとされている。実際には宇利に土着するようになったのは直鎮から数代を経た重実からだといわれて

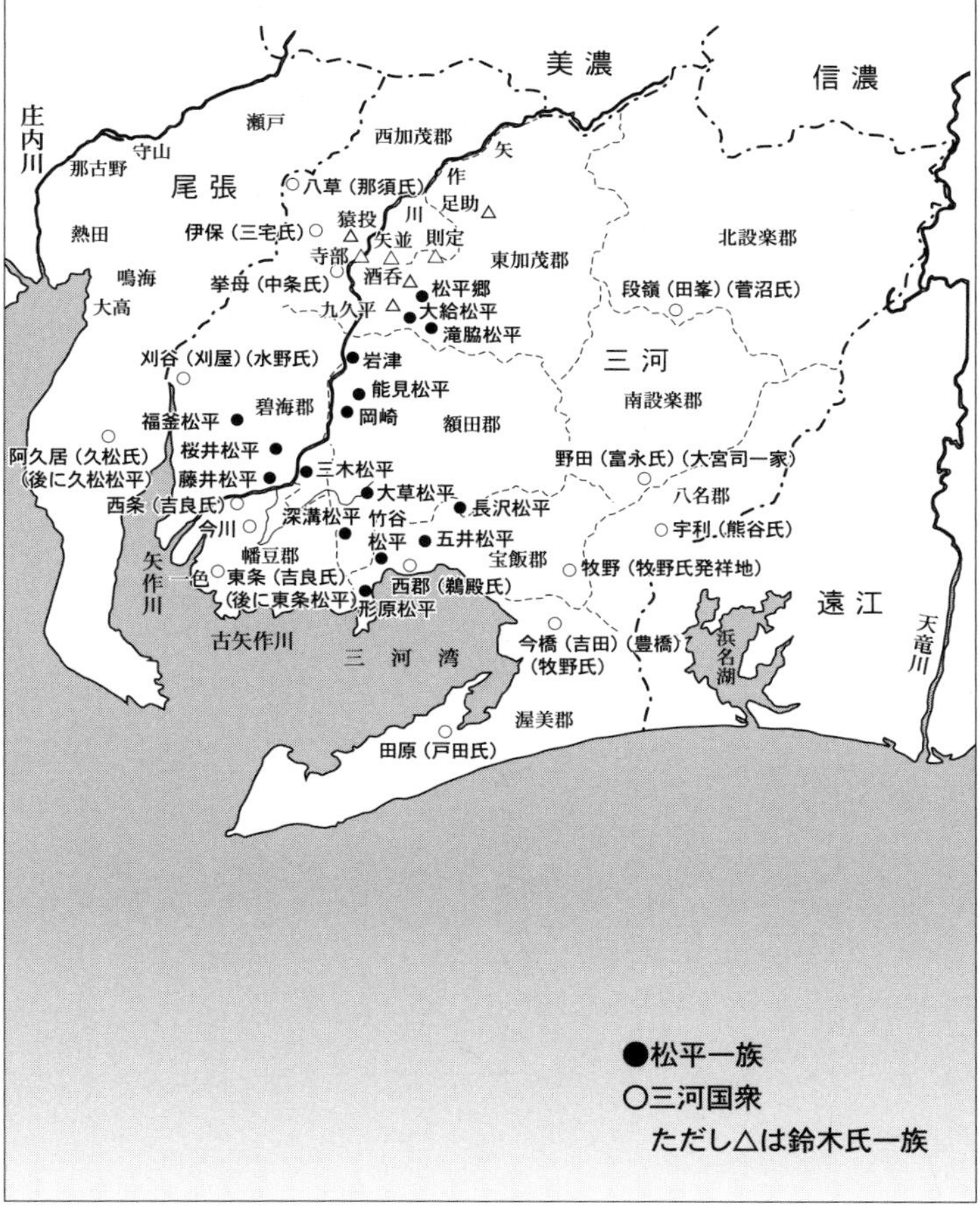

三河の国衆および松平一族の分布

いる。重実の子、実長は今川氏に属していたことが判明している。この実長が清康と戦った備中守であろうか（備中守の名乗りに関しては諸書によって忠重、直利、直盛と一定しない）、また、宇利城がいつ頃誰によって築かれたかも判然としない。

落城後熊谷氏は実長の長男直安が兎鹿嶋《とがしま》（北設楽郡豊根村）に土着して帰農した。次男正直は高力（額田郡幸田町）へ落ちた。正直の子重長は高力を名乗り、松平家に仕えた。家康の頃、三河三奉行の一人となり「仏の高力」と呼ばれたことで知られている。また、備中守自身は落城後どうしたのであろうか。討たれたとも伝えられているが定かではない。『三河史跡一覧』

現在、愛知県北設楽郡豊根村には国指定重要文化財熊谷屋敷があり、末裔の方が暮らしている。

伊田合戦

天文四年（一五三五）、三河を平定した清康（二十五歳）は、一万余りの兵を従え再度尾張進出を図り森山城に着陣する。美濃三人衆（稲葉、氏家、安藤）と同盟して織田信秀を牽制するはずだった。松平内膳信定は清康には同道せず、宇利城の件を根に持ち信秀と内通して上野城で蜂起し、空になった三河を乗っ取ろうと画策した。

森山城内では阿部大蔵定吉が内膳と内通して主君を裏切ろうとしていると噂が立つ。清康の馬が逃げ出し陣中が騒がしくなり、長男弥七郎は父が処罰されるのではと誤解し、「千子の刀」を抜き清康が無警戒でいるところを切り殺してしまう。無論弥七郎はその場で惨殺された。父阿部大蔵は岡崎に帰り切腹するところを広忠に助けられ忠誠を誓う。

＊千子の刀＝伊勢国桑名の千子村在住の村正の刀

これが原因で家臣団は総崩れとなり三々五々三河へ退却する。これを「森山崩れ」という。清康の死を知った織田弾正忠信秀は、領土拡張のため三河に進出し矢作川を越え本陣を大樹寺に置いた。内通していた上野城の内膳信定は出陣せず静観していた。

岡崎では帰城した約八百名の家臣が信秀軍と戦う覚悟を決め、嫡子仙千代（広忠）十三歳と別れの盃を交わし、「今は亡き清康様のお慈悲、お情け、お哀れみを思いますと、妻子一族を打ち殺され、また、私たちが戦死することなど、受けたお情けを思えば何でもないことです」と北へ向かい、伊田（井田）の郷へ出陣していった。武家の主従関係は御恩と奉公、三河武士の御恩とは物慾ではなく慈悲、情け、哀れみの心を大切にしていること。彼らの強さはここにあると思われるが、弱小大名が故に「物」を分配する力がないことを知っており当主の心づかいを大切にして、それをよりどころにしていたのかもしれない。

伊田の郷とは北の大樹寺と南の岡崎城の間にある地域で、上は野原、下は田んぼになっている。織田軍は大樹寺から出陣し、野の方へ四千、田の方へ四千と軍を分け攻め入った。松平軍は八百を二手に分け、同様に野と田の方に迎え討つ体制を整えた。織田軍の十分の一の人数である。八千の者どもが一斉に鬨の声をあげる。負けずに八百のほうからも鬨の声が上がる。野の方は台地で広い野原になっており、数に任せた四千の兵が松平軍四百を包み込み、一人残らず火花を散らし討死し、若党、小者、中間が散り散りに岡崎城へ逃げ帰った。田の方は畦道で狭く一度には攻めてこられず、松平軍は槍をそろえて蹴散らし、野の方へ向かった。若党、小者たちも主人より前に出て刀をひん抜きひん抜き負けまいと戦った。槍隊は数人ずつ穂先をそろえてしずしずと攻め入ったので気迫に負けたか、織田軍は我先に大樹寺に逃げ帰った。

戦いは人数ではない、命乞いをするものが多数出たが、老武者が血気にはやる若武者を押し留めて許してやり、「後を追うな、勝って兜の緒をしめよ」と、戦いなれした姿を見せ若武者どもに声をかけ戒めた。

岡崎城へ戻ったのは四百ほどの兵であった。戦に向かった兵たちは、今生のお暇乞いを頂き出て行った者たちで、その顔ぶれも少なく、広忠の顔を見上げ皆が若殿をお守りできた喜びと安堵感から床に身体を投げ出し、互いに抱き合い大声をあげて泣き叫んだ。

これが伊田合戦である。しかし、岡崎城の広忠軍はこの合戦で勢力が弱体化してしまった。

八代広忠

広忠の大叔父の内膳信定がふたたび現れ、信秀と同盟を結び家督の横取りを図り、岡崎城から広忠を追放してしまう。

大久保以下譜代旗本たちは、内膳殿は確かに長親の子に間違いないが三男で庶子、長男は信忠そして清康、広忠と三代にわたって主君と仰いでいる。長親まで四代も先祖をさかのぼって、その上庶子を跡継ぎとは認めがたい。広忠がおいでになるのだから道理に反すると合意し、「いつか広忠様を岡崎城へお戻し申そう」と相談していた。

そこへ広忠に命を救われた阿部大蔵定吉が「大久保殿譜代旗本たちがお供をしては後々岡崎城へは戻れまい。本来阿部家は清康様を手にかけた息子共々腹を切らねばならぬところだったが、広忠様からお許しを得た。ここは私が若殿に少しも離れることなくお供をして一時身を隠そう」と、六、七名を連れて伊勢国に落ちていった。広忠十三歳のときのことであった。

その後、阿部大蔵は広忠を駿河にお連れして今川義元に支援をお願いし、広忠十五歳の春、加勢を得て茂呂の城（豊橋市）へ移った。

岡崎にあって広忠に心寄せる譜代衆は時節の到来を待っていたが、内膳信定はその空気を察したのか、大久保新八郎忠俊（彦左衛門の叔父）に伊賀八幡の御前で起請文七枚に「広忠を岡崎に戻さない」と三度書かせた。起請を破ると罪を受けこの世では白癩・黒癩の病（癩病）となり、あの世では無間地獄に落ちると信じられている。

新八郎は葛藤しながらも着々と準備を進めた。密かに信頼できる弟、甚四郎忠員（彦左衛門の父）、同弥三郎忠久、侍大将の林藤助忠満、成瀬又太郎正頼、八国《やこう》甚六郎詮実、大原左近右衛門惟宗を集め、最後に大手門の鍵を管理している松平蔵人信孝を味方につけた。蔵人からすると内膳は叔父にあたるが庶子である。それに対し広忠は本当の甥になる。反対もあったが新八郎に一任された。

天文十一年（一五四二）五月、広忠は岡崎城に入った。情勢の不利を悟った信定は広忠に帰順したが、一年半後に死去した。広忠を援助して後見役についた信孝だったが、弟の旧領三木城を横領し権勢をふるうようになったため、家臣たちは内膳殿にこりごりした成り行きもあり、皆で相談してこのことを広忠に申し上げ、広忠の代理で駿府の今川義元に年賀の挨拶をしている間に三木城を攻め取り岡崎に戻さなかった。

信孝は義元に訴えたが退けられ、織田氏と手を結び山崎城に入り、同じく上和田城の松平忠倫、酒井忠善の嫡子忠尚は信秀と手を握り安祥城を乗っ取り岡崎の広忠と対峙した。天文十七年（一五四八）、二度目の小豆坂の戦いの後、両軍は引き上げるが信孝は単独で南から岡崎城を攻撃しようとした。しかし、耳取縄手の戦いで矢に当たって討死した。

広忠は清康の弟である叔父信孝を信頼していたようで、家臣に生け捕りにするよう指示していたが、旗本たちは信孝を排斥する気持ちが強かった。

この章は尾張の織田信秀と姻戚関係を持っていた矢作川を境にして西側の国人対東側の岡崎城を中心とした広忠との戦い、清康亡き後の混乱を書き留めている。

また、岡崎城においては広忠の旗本たちは主君に刃向かう一門・国人を排斥し主君を忠実に守った状況が書かれている。

しかし、それから一年後の天文十八年（一五四九）三月、広忠は死んでしまう。二十四歳。刺客岩松八弥によって傷を負わされ、それがもとで亡くなったという。以前、広忠が天野孫七郎に「隣国、広瀬の佐久間全孝を切ってこい」と指示を出したことがある。天野は佐久間家に仕えていて信頼されていた。そこで寝込みを襲ったが、佐久間はかろうじて命を取り留めたという事件があった。

「岡崎領主古記」には佐久間なる人物が広忠を打つべく家臣を岡崎へ奉公に差し出したとある。広忠はこれを「片目弥八」と呼んでいた。この日広忠が縁側に出て「灸」を近侍のものに見せていたところ「弥八」が「後ヨリ打奉テ」逃走した。彼は「大手先ノ堀ノ中」で打ち取られたとある。因果は巡るとはこのことであろうか。また、この時の刀も千子の刀「村正」といわれている。

なお、『現代語訳　三河物語』の「織田信秀の三河攻略」の条で、「酒井左衛門尉（忠次）は内々に織田弾正忠と手を握り……」とあるがこれは間違い。天文九年（一五四〇）のことで、大永四年（一五二七）生まれの忠次は、この時十三歳である。これは酒井左衛門尉家嫡男の上野城主酒井将監忠尚、忠次の兄のことである。

言い伝えか、何かの書物から引用したのか、あるいは意図的に書かれたものなのかは定かではないが、後世『三河物語』を写本し読んだ当代の大名・旗本は、三河広親以来七代目を襲名した酒井忠次と思ったに違いない。

『三河物語』二

家康は七歳より十九歳まで駿府に人質として生活している。

岡崎城下では、松平党は西三河で取れた産物を自由に使うことは許されず、今川衆に残らず横取りされたといい、自らは田を耕し年貢米を納め、百姓同然に鎌・鍬を取り妻子を養い駿河衆のご機嫌を取っていた。また、戦があれば真っ先に先陣を務めた。そんな苦労話から始まる。

桶狭間の合戦

永禄三年（一五六〇）、尾張は織田信秀没後八年が経過するが、嫡子信長は未だ完全に尾張を統一していなかった。三河との国境では信長に見切りをつけ今川家に寝返る国人も現れた。そんな状況のなか、五月十九日、今川義元は尾張侵攻を図り二万千五百の兵で桶狭間山に陣を張った。元康（家康）十九歳は先陣として大高城兵糧入れを命じられた。大高城の前面には丸根の砦があり織田軍の佐久間盛重が守っていた。松平軍はこの砦を攻め落とすよう命令され攻撃する。そして、兵糧を十分に搬入し鵜殿氏に代わって城代になるよう指示された。

織田信長は二千の兵で田楽狭間の義元本隊に攻めかかる。義元の陣は山と山の間の台地の中腹にあり西向き（進行方向）に本陣千五百を置き、前は沼・池の湿地帯で右翼に三百、左翼に三百、本隊後備えは三百の陣営だった。その前方の山の反対斜面には井伊、松井、瀬名が前軍として計三千で陣を構えていた。また、山一つ後ろに五千五百の後軍が続いている。

この時急に天候が崩れ、雷が鳴り豪雨になったため、兵はバラバラに雨宿りに走り、信長軍が近づいていることに気付かなかった。義元本隊は三キロメートル西前方の丸根、鷲津砦を落とし、信長の別動隊佐々・千秋三百が正面の松井・井伊隊に壊滅させられたという報告を受け、義元は勝ち戦に悠々と休息をとっていた。ちょうどその時、信長軍本隊二千は今川本隊右翼に攻めかかった。今川軍は虚を突かれ我も我もと敗走するなかで、義元を中心に旗本五百は円を描き湿地帯に足を取られながら奮戦し一進一退の戦いを演じていたが、徐々に義元を囲む兵は少なくなり毛利新助が義元の首を討ち取った。

当然ながら尾張侵攻は止まり、大将を討ち取られた今川軍は算を乱し退却した。

本来なら織田軍は追撃戦をするところだが寡兵でもあり、義元の首を取り尾張侵攻を阻

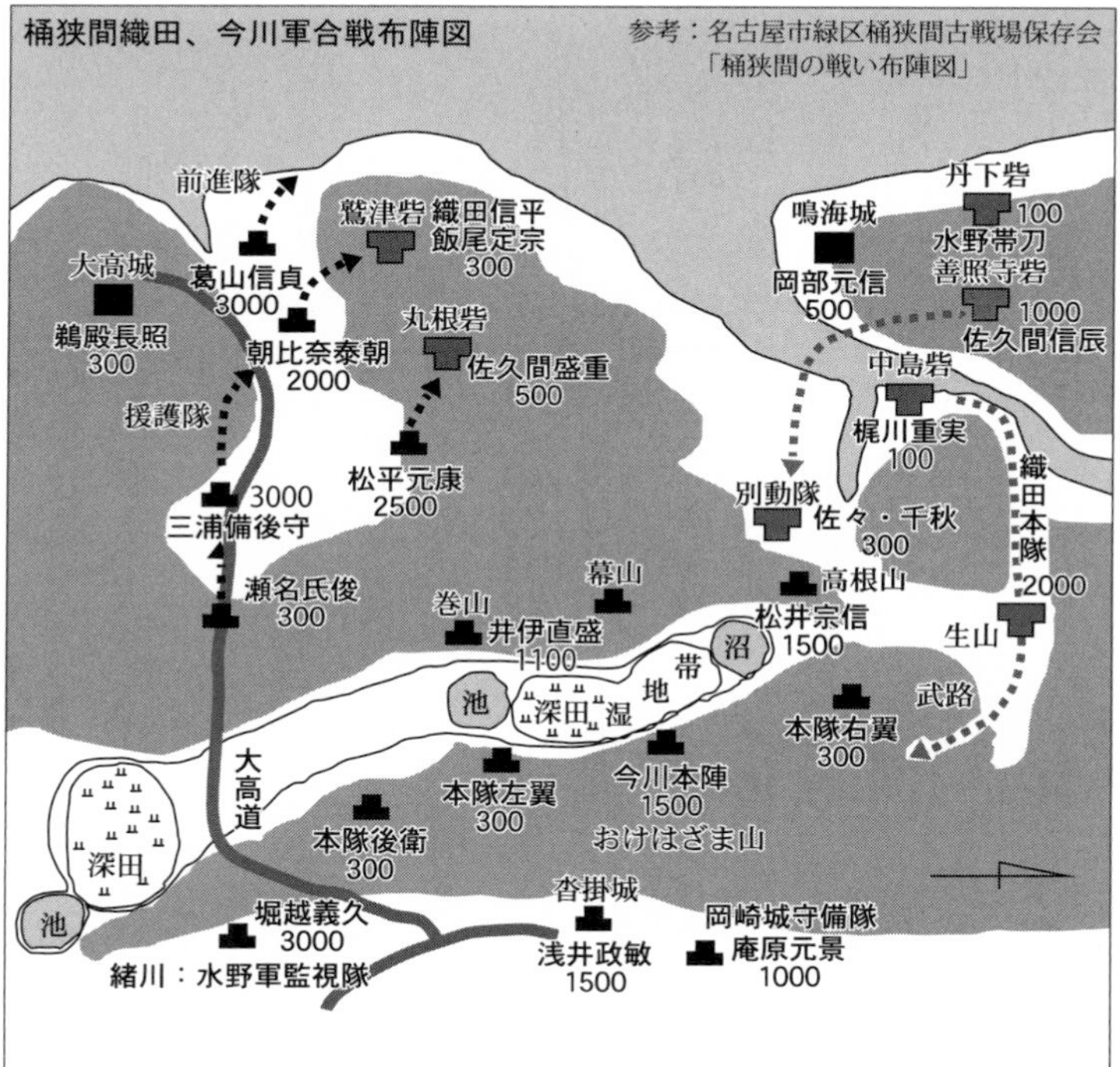

今川軍

大高・鳴海攻撃隊
11,500

今川本隊
5,000

三河守備隊
5,000

総計　21,500

図例
今川軍
織田軍

織田軍

鳴海大高方面
2,000

桶狭間攻撃隊
2,000

佐々・千秋隊
300

総計　4,300

止できたことに満足し深追いはしなかった。

清須への引き上げの途中、鳴海城を守っていた岡部元信は信長と一戦したが降参して城を明け渡した。しかし、信長と交渉し義元の首を頂き駿河へお供し氏真に届けた。あっぱれである。

元康は先陣として前面を海で囲まれた小高い丘の大高城を守っており、合戦はその後方三・五キロメートル程の地点で行われ、今川軍はその場から駿河方面に敗走した。勝利した信長も大高城から二キロメートル半の距離を保ち街道を引き上げており、義元の死を知らず守備をしていた。

距離的には大声を上げれば聞こえそうだが、山に囲まれており何かが起きていると推察していただろうが詳細はつかめなかった。

元康は自軍の斥候を出し義元軍が敗れたとの報告を受けるが、確信するまでには至らなかった。皆がここを引き上げましょうと言うが、元康は「たとえ義元が戦死なさったとしても、そのことについてどこからも確実なことは言ってこない。城をあけて退却し、もしそのことが嘘であったとしたら再び義元に顔を合わせることができようか。そのうえ人の内緒話の笑いのタネになる。それなら生き延びても仕方がない。だからどこからか確実な情報がないうちは絶対に退却しない」と言っている。家康の性格の一面である。

夜になり義元が死亡したと、小河の水野信元から連絡を受け、案内人と共に縁のある大樹寺に到着した。その後岡崎城から今川軍が撤退したことを知ると、それでは空になった城を頂こうと全員移動し、父広忠以来十二年ぶりに岡崎城は主君をむかえることになった。

それまで岡崎城は今川城代であったが、実務は鳥居忠吉が行っていた。松平党の生活は困窮を極めていたが、そんななかでも男も女も家臣団は結束していた。

元康は岡崎城に入城した。

そして、駿府と手を切り、元康の名を家康と改め、西三河の地を回復するため、各地で戦いをしかけ統治していった。


（地元の古老が語る　桶狭間合戦始末記参照）

三河一向一揆

永禄五年（一五六二）、家康は織田信長と清須で同盟を結ぶ。

永禄六年（一五六三）から七年にかけて三河一向一揆が起こる。一門、国人、旗本が二つに分かれ戦いが始まるのだが、『三河物語』の作者大久保彦左衛門は、後書きでこのように書いている。

「この書物は我が一族の事を詳しく書いて、ご譜代の人々の事績は簡単に書いた。世間に出すための書物ではなくお前たちの宝物にしようとしたもので、私が苦労したことを書いた門外不出のものである」

三河一向一揆の条で百三十二名の一揆側の武将名、百三十名の家康側の武将名、一門・国人・譜代家臣が記されている。また、他の合戦においても多くの武将の名が表されている。戦の内容を説明するのに武将名は必要だが、代表武将名を記しておけば成り立つ。その都度数名の名前を羅列するのは、ほかに目的があるのではないかと思う。

この『三河物語』の完成が近づいた元和八年（一六二二）四月は戦もなくなり、平和な安定した社会になっていた。彦左衛門たちのような時流に乗れない武辺者は、頭角を現すことなく、時の流れと共に冷遇されていった。

そんなとき、六十数年前に弱小豪族徳川家を支え、質素な生活を強いられながらも主君のために勇敢に戦い天下を取らせた我ら譜代の活躍したご先祖さまの名前が記された歴史書を見せられれば、新たな気持ちで三河武士の誇りを取り戻したのではないだろうか。

現在も写本がたくさん残っていることを考えると、幕府の処遇に対し不満を持つかなり多くの旗本に写され読まれたと思われる。

永禄六年から始まった三河一向一揆も、翌永禄七年、一揆側からの和議の申し込みがあり話し合いの末、原状回復で一揆側は降伏することになった。

大勢の家臣の帰参を許したが、御主人様か将監様かと家中を二分する威勢のあった酒井将監忠尚は、西三河の国人領主で、広忠に続き二度目の反逆となり、今回も主人に勝つことはできなかった。そして上野城を明け渡し駿河へ落ちていった。それ以後将監の家筋は絶えてしまった。我々は結果を知っているので「反逆」と表現するが、当時の解釈は力のある者が国主であり正義である。織田と結ぶことにより逆転もあり得たのである。

吉良義昭は謝罪して東条の城を明け渡したが、自立できず上方へ流れ六角承禎の配下になったが戦死した。本多正信は祖父の頃から松平家に仕えた家で小さい頃から四歳年下の家康に仕えていた。鷹匠であったが生活は苦しく、大久保忠世が家族共々生活の面倒を見ていた。武辺ではなく機転の利く才能の持ち主で、国を離れ加賀に住んでいたが、永禄十二年(一五六九)、忠世の取り成しで帰参し家康の身近に仕えた。

一向一揆で敵対した酒井忠尚の酒井家の名跡は、松平家初代親氏以来の重臣でありその名跡を惜しみ、家康は功績のあった弟忠次に家督を継がせた。また、石川家の名跡は康正の弟家成に継がせた後、康正の嫡子数正へ家督を相続させた。

酒井家の名跡を継いだ忠次は再度東三河へ進出し全域を平定した。家康は、西三河を石川家成に、東三河を酒井忠次に、その経営を任せた。

『三河物語』と『信長公記』

永禄十一年十一月、遠江出陣、二俣城、馬伏塚砦を落とし掛川城を攻めた。

永禄十二年五月、掛川城落城。このとき、家康は陣中で首実検を行い、各武将の武辺話を聞いた。

そのなかで椋原某はもったいぶって激しい組み打ちで首を取ったと自慢気に話した。大久保右衛門忠世と内藤四郎左衛門正成は「本日の手柄はみな死人の首(鉄砲で死んだ者)を取ったもので組み打ちは一人もおりません」と報告し、「大久保、内藤の言い分はよく当たっている。両人の性格そのままだ」と、皆が申し上げたという。

元亀元年二月、信長は朝倉攻めのため京を出発。金ケ崎城を攻撃するが浅井軍の寝返りにより羽柴秀吉を殿軍とし、急きょ引き上げる(金ケ崎の戦い)。

同年六月、姉川の合戦に出陣、浅井・朝倉軍を織田・徳川軍が打ち破る。

同十二月、比叡山で朝倉・浅井軍と対峙、織田軍不利のため、足利義昭を仲立ちさせ一時和睦、兵を引き上げるが、すぐに大兵を率い比叡山を炎上させている（比叡山焼打ち）。

『信長公記』の作者は、信長の家臣で後に秀吉に仕えた太田牛一である。牛一がその体験を通じてつぶさに書き記した大著で、歴史的資料としても一級品といわれている。その内容を大久保彦左衛門の『三河物語』は、三分の一は本当、三分の一はやや本当、三分の一は全くの嘘と酷評している。自分のひいきの者、また当時西も東もわからぬ年端もいかぬ若者が後世出世したからといって戦場に参加させ功名をあげたと嘘を言い、長篠の合戦などでもしなかった手柄を組み打ちしたと書いたり、大将になったことなど一度もないのに大将になったりと書いたり、合戦でひけを取り後ろ指刺されたものを鬼神のように書いたり、国中で知れ渡っている勇士名を書かなかったり、結局自分が目をかけた人々を称賛する書き物と評している。

正に「彦左衛門」と「牛一」の性格を表す文言である。

『三河物語』三

「序文」によれば、彦左衛門はこの物語が他家の譜代旗本に読まれるだろうと予測していたと思われる。

「我が一族が代々主君に仕えてきた事と私自身の事を子供達に伝えるために書いたもので門外不出である。他の多くの譜代の人々のご忠節や戦場での活躍は書いていない。しかし、万が一漏れたのなら代々譜代の方々も自分の家の忠節と活躍を書かれ子供たちにお譲りなさると良い」と書いている。

武田軍との戦い

元亀三年（一五七二）、いよいよ武田信玄西上のため遠江へ出撃、北から天竜川沿いに二俣城を攻め、十二月半ばに陥落させ城を整備した。すると東三河の山家三方衆長篠城、作手城、田峯城の奥平貞勝、菅沼満直、菅沼定直は武田側に寝返った。野田城の菅沼忠久と定盈は裏切らなかった。二俣城は天然の要害であったため、落とすのに二か月余りを要した。本来の目的は信長包囲網作戦の一環で京に上るための西上である。時間を浪費するこ

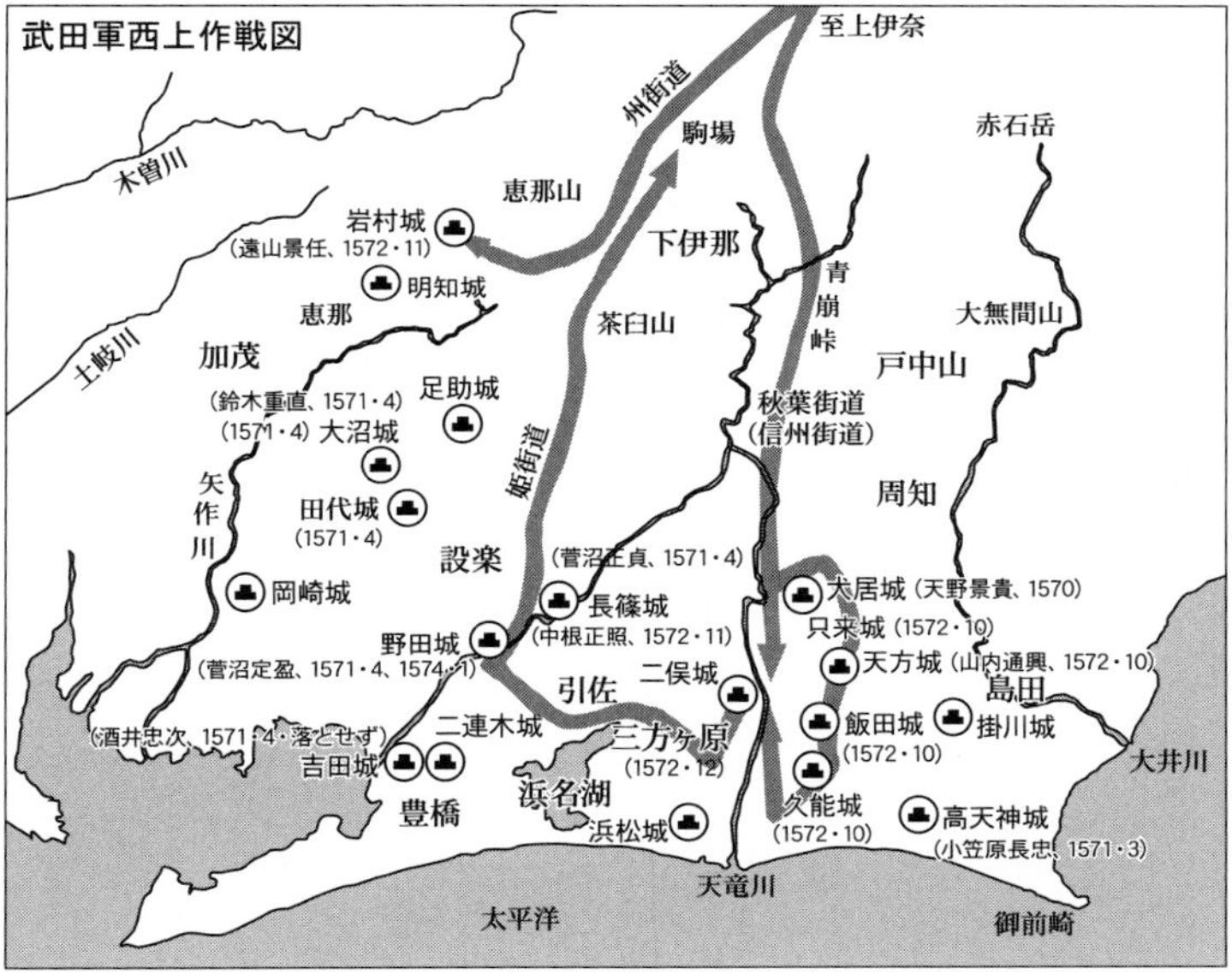

とはできないと考え、浜松城を攻めず軍を西へ進めた。家康軍は迎え撃つため籠城作戦をとっていたが、武田軍が三方ヶ原方面へ軍を進めたので、背後から襲い掛かる作戦に変更した。ところが武田軍は徳川軍の行動を察知し待ち構えていた。

武田軍二万五千対徳川軍八千・信長与力三千の戦い、三方ヶ原の合戦である。数の上でも負けていた徳川軍の惨敗に終わり、侍大将初め家老・譜代旗本や信長の援軍の家老他多数が討死した。

その後武田軍は遠江の刑部（引佐郡細江町）で年を越し、元亀四年

（一五七三）二月、野田城を落とした。しかしここでも激しい抵抗にあい二か月を費やし、その間に信玄は病を発し西上をあきらめ本国へ引き上げる途中、平谷浪合（長野県伊那谷）で死亡した。

元号改まり天正元年（一五七三）、家康は浜松から岡崎に向かう途中、前年武田軍に奪われた長篠城を攻撃して奪い返した。兵糧の貯えがなかった城側は降参し和議を結ぶ。この戦で大久保治右衛門忠佐が取った首を榊原康政の家臣が七、八人で強奪、家康の前で裁きを受ける。

その年の暮れ、信長は東美濃岩村城を攻め秋山信友を生け捕りにして、裏切った叔母お直と共に長良川河畔で逆さ磔の刑に処した。裏切りに対しての信長の素早い処置である。

天正二年（一五七四）、奥平貞勝とその子作州貞能は勝頼と手を切って家康の配下になることを申し出たので、家康は貞能に長篠城を与え、「九八郎（奥平信昌）をいずれ婿に迎えよう」と告げた。信康は「考えられない、私の妹婿にどうして九八郎殿を迎えられようか」と家康と対立した。信康に対しむり押しすることもできず、家康は信長にお伺いをたてた。

信長からは「なるほど信康の申すのはもっともである。しかし忠節を誓ったのだし、又大事な国境をあずけておられるのだから、次郎三郎（信康）殿は不満を押さえ家康の意向に任せるほうが良いと思う」といわれたので「親たちがそういうなら思いのままに」と言い九八郎方へ姫の輿は入った。

長篠・設楽ヶ原の戦い

天正三年（一五七五）五月、武田勝頼は一万五千の兵力で長篠城主奥平信昌五百を取り囲んだ。落城を目前にして、鳥居強右衛門は救援依頼に長篠城を抜け出し岡崎に走り家康・信長に注進する。これを聞き織田・徳川連合軍三万八千は設楽ヶ原に集結し、馬防柵を三段に構え勝頼軍を迎え撃つ体制を整えた。勝頼軍は三千を長篠城包囲に残し、一万二千で設楽ヶ原に軍を進めた。設楽ヶ原は周りを山や雑木林に囲まれており、長い帯状の地域で二筋の連吾川が流れ、段差のある場所で、梅雨の時期のためぬかるんでおり馬が活躍できるような状況の地ではなかった。戦いは太鼓や鐘の音で整然と敵に迫る状況であったが、織田・徳川連合軍の人数を勝頼軍は把握していたのであろうか。我々は結果を知っているので、三分の一の戦力で防御の整った信長・家康軍になぜ攻撃を仕掛けたのだろうかと疑問がわくところである。

武田軍は勝頼の求心力と信玄亡き後の内部の問題が大きく影響しており、亡き信玄に報

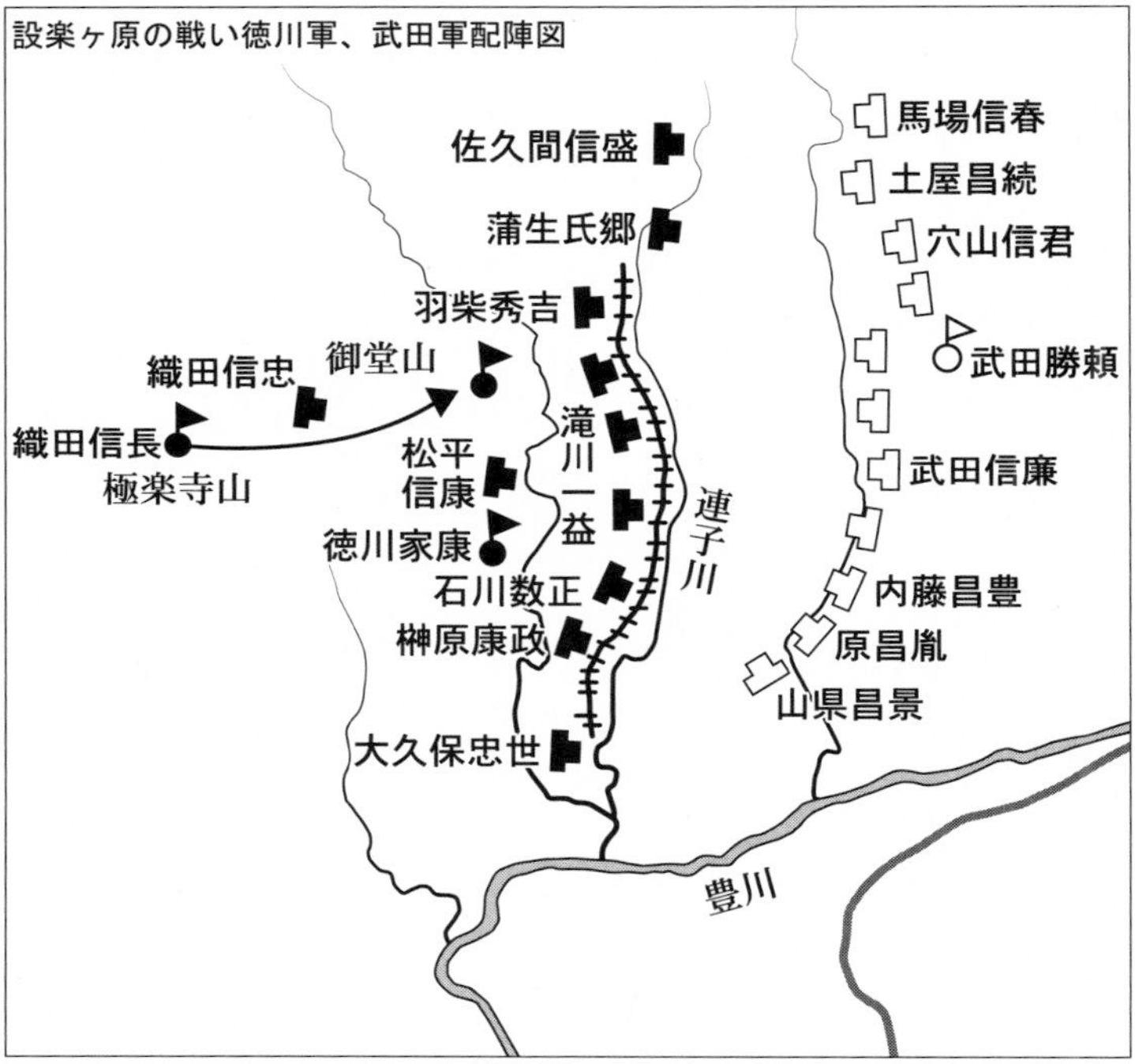

設楽ヶ原の戦い徳川軍、武田軍配陣図

いようと遮二無二突っ込んで義理を果たそうとした武将もおり、必勝を期した戦いではなかった。結果は勝頼軍の大敗で終結し、これにより内部分裂が始まり崩壊の一途をたどっていく。

この日の合戦で大久保七郎右衛門忠世、弟治右衛門忠佐の金の揚羽と浅葱の石餅の指物が馬防柵の外へ出て活躍したので、信長から褒美を得た。

信康（十七歳）もこの合戦に参加し、家康軍の一方の大将として勇猛果敢なところを見せ軍功を上げている。

松平信康の切腹

『三河物語』のこの条は酒井忠次が関係しているとされる事柄が書かれているところなので、そのまま引用してみよう。

丑《うし》①の年、信康の奥方様は、信康の中傷を十二ヵ条書き、酒井左衛門督②（忠次）にもたせて、信長に送った。信長は、左衛門督を近づけて、巻物を開き、ひとつひとつ「これはどうか」とおたずねになる。左衛門督は「その通りです」と申しあげる。また「これは」とおっしゃる。「それもその通りです」と申しあげる。信長はひとつひとつを指さしておたずねになる。十ヵ所とも「その通りです」と申しあげたので、信長は、二つはお聞きになることもなく、「徳川家中の老臣がすべてその通りというのなら疑いない。それなら、とても放置しておけぬ。切腹させよと家康に申せ」とおっしゃる。

左衛門督は承知して、岡崎へよることなく、直接浜松へ行き、家康にこのこと申しあげる。家康はご利発な殿であったので、そのことをお聞きになると、すぐに納得され「あれこれいうまでもない。信長を恨みはすまい。身分高き人も卑しい人も、子を可愛い③と思うことはみなおなじだ。十ヵ所まで指さされ、いちいちおたずねになり、知らぬと申しあげたなら、信長もこうはおっしゃるまい。いちいちその通りともうしあげたから、こうおっしゃったのだろう。ほかの理由ではない。三郎（信康）は左衛門督の中傷④で腹を切らせることになっただけだ。わたしも大敵に直面し、背後に信長がいては信長にそむきがたい。あれこれいうまでもない」とおっしゃる。

平岩七之助（親吉）がすすみでて「かるがるしく腹を切らせては、きっと後悔されるでしょう。それで、わたしを守役につけていたのですから、万事わたしの不行届となさって、わたしの首を切り、さしあげそのときだれかをおたのみになり『家康のたったひとりの子⑤でございます。かわいそうにお思いになって』と申しあげ、信長もわたしの首が来たとお聞きになったら、疑いもとけることでありましょう。ともかくわたしの首をいっときも早くさしあげよ」と思いつめて、いっきに申しあげる。「七之助のいうのももっともだ。よく考えてみよ。わたしも国におさまりかねないほどの器量のひとり息子をもち、わたしの跡をつがせようと思っていたのに、このように、先立たせることは、わたしのこのうえもない恥であり、どれほどか残念なことではある。しかし、勝頼という大敵と戦っている最中だ。信長を後陣としなければ、とても対抗できない。信長を裏切ってはどうにもならぬ。それで、おまえを切って首をもたせてやり、三郎の命が助かるならば、おまえの命をもらいもするが、左衛門督の中傷ではどうにもならぬ⑥。おまえまで失っては、恥の上塗りだ。それで、かわいそうであるが、三郎を岡崎からだせ」とおっしゃった。

岡崎をださせて大浜へでる。そこから堀江の城にうつり、またそこから二俣の城へお越しになり、天方山城（通綱）と服部半蔵（正成）に命じられ、天正六年⑦、生年二十歳でご切腹なさった。

これという悪い点もなかったのだが、奥方様が信長の娘でいらっしゃった。二人のあいだに二人の姫君もおできになっていたけれど、仲がよくなかったのであろうか。そうだとしても子供をもうけた仲といい、夫婦なのだから、子供のためといい、人のうわさといい、あれこれ考えたら、こんな中傷はすべきではないのに「ともかくもひどいなされようだ」といわぬ人はなかった。それのみでなく「酒井左衛門督は徳川家中の重臣であり、ご譜代ひさしいご主君のことを、奥方に心をうつして、奥方と仲間になり⑧、口裏をあわせて中傷をしたものだ」と、多くの上下の人びとが口にして憎んだけれども、信長の威勢を恐れて、仇《あだ》を討つということはならなかった。

さて残念なことだ。これほどの殿はまたでるものではない。昼夜武勇にたけた者を近くにおよせになって、合戦の話ばかりをなさる。そのほかには馬と鷹《たか》が趣味だった。よくよく器の大きな方だったのだろう。年もおとりになっていたわけではないのに、おっしゃったことを、のちのちまで「三郎様がこうおっしゃった」とうわさしたものだ。人びとも残念なこととおうわさした。家康⑨も、自分の子ながら器といい、親みずからおもちになっている勇敢さはのこすところなくおもちになっておいでだったので、惜しくお思いになるのは山々だったけれど、信長にしたがわねばいたしかたないときだったので、あれこれいうこともなく腹を切らせた。上下みなが、声をあげて泣き悲しんだ。信康には二人の娘⑩がいた。

《訂正箇所》

① 丑《うし》の年は天正五年（一五七七）である。ちなみに六年は寅《とら》、七年は卯《う》である。

「信康の切腹」は天正七年卯の年である。

② 左衛門督（忠次）にもたせて

左衛門督《さえもんのかみ》の官職は官位とともに天正十四年十月二十四日（一五八六）に拝命したもので

ある。天正七年時の官職は左衛門尉である。

③　子を可愛い

この言葉が独り歩きし「家次の所領の件」等に引用されている。

本来は忠次が病床に伏したとき「あとの事（子供）よろしく頼みます」と家族の向後を憂いて信頼関係のある家康に発したもので、それにこたえて「お前も子がかわいいか」という会話となった。もっとも自然なことである。

④　左衛門督の中傷

忠次はこの文中で「そのとおり」とは言っているが中傷などしていない。彦左衛門の作文である。

⑤　たった一人の子

天正七年（一五七九）四月七日に長松（秀忠）が誕生している。信康自刃の二か月半前である。また、天正二年二月八日（一五七四）に於義丸（結城秀康）が生まれている。

⑥　左衛門督の中傷ではどうにもならぬ

筆頭家老ではあるが、当時もその後もそんな権限は酒井忠次にはない。「そのとおりです」とは言っているが中傷などはしていない。また、家康の言葉なら「左衛門尉」というであろう。

⑦ 天正六年、生年二十歳

信康が自刃したのは天正七年（一五七九）、生年二十一歳である。

⑧ 奥方に心をうつして、奥方と仲間になり

この文言は徳姫の十二ヵ条の文面を忠次が認め、一緒に中傷しているように読み手を誘導しようとしていると思われる。忠次は大永七年（一五二七）生まれで五十三歳、信濃・遠江の経営に忙しく西三河の経営に関知していない。

⑨ 家康

元和・寛永時期に、「家康」と呼び捨てにするのは少し問題がある。

⑩ 二人の娘

登久姫：信濃の名家小笠原秀政の正室、六男二女を設ける。

熊姫《ゆう》：本多忠勝の長男忠政の正室、三男二女を設ける。

「信康事件」の検証

信康事件の通説の根拠は三河物語のこの「松平信康の切腹」の条にあると思われる。少

し解説してみたい。

まず、文脈からみると、酒井忠次は信長からの指示をいち早く家康に伝達するため、浜松に直行しているので、本来は家康と忠次の会話の状況が書かれていなければならない。しかし、なぜか家康と平岩親吉の会話に入れ変わり、見てきたかのように信康の自刃に至る状況を語っている。岡崎へ寄ることなく浜松に来たのに、信康の傅役平岩親吉がなぜ浜松城にいたのだろうか。

徳姫は信康の中傷を十二ヵ条書いた手紙を左衛門督（忠次）に持たせて信長に届けさせた。手紙の内容は信康の勇猛にありがちな乱暴な気性、家臣を巻き込んだ家康との対立、築山の徳川家・徳姫に対する反逆的態度などである。

そしてその内容の一条、一条について信長が忠次に問い合わせる。左衛門督は「その通りです」と答える。十ヵ条まで「その通りです」と答えたので、信長は「後は聞くに及ばず、徳川家の老臣がその通りと言うのならば事実であろう。ならば切腹をさせよ」となる。

忠次は「その通りです」と返事をしただけで、信康の切腹を誘導するようなことは書かれていない。しかしその後、「左衛門督の中傷で腹を切らせることになった」、「左衛門督の中傷ではどうにもならぬ」、「こんな中傷をすべきではないのに」と、忠次に関連づけ、中傷という言葉が三度も出てくる。忠次は「その通りです」と言っただけで、中傷するような文言は発していないのである。明らかに作文ではないだろうか。

酒井左衛門督は徳川家の重臣なのに奥方に心をうつして、奥方と仲間になり口裏を合わせて中傷したものだと、さらに徳姫と深いつながりがあるかのように会話が組み立てられ、また中傷という言葉が出てくる。ここで最初の徳姫の手紙の「信康の中傷十二ヵ条」を左衛門督に持たせと戻って、読む側に「忠次・徳姫・中傷」が結び付けられるようになっている。読んでいくと、忠次が信康の切腹を誘導しているかのように錯覚してしまう。彦左衛門の考え抜いた作文で、みごとと言わねばならない。

また、三郎信康を岡崎から出させ次々と移動させ二股城に到着後切腹させたとある。読む側には、時間を置かず二俣城到着後すぐに切腹させたかのような印象を与える。信長の性格を意識したのだろうか。実際は信長に相談してから二か月が経っている。

読み手の心を誘導しているかのようである。

そして、築山のことには一切触れてはいないのはなぜだろう。

彦左衛門は二俣城代であった長兄忠世から信康配流の真実を聞かされていただろう。しかし、今や三代家光の御代、神君家康のことは悪く書けない。また、嫡子信康のことも親の言うことを聞かない乱暴者として歴史に残すことはできない。よくよく知恵を絞ったのであろう。

家康と平岩親吉の会話としたのも、親吉は秀吉の勧誘にもなびかなかった忠実な徳川家の譜代家臣であり旗本に信頼もある。この二人の会話なら、だれもが納得するであろうと考えたのだろう。親吉は信康自刃の後、一時謹慎蟄居するが、許され慶長六年（一六〇一）、甲府六万三千石、慶長十二年（一六〇七）、犬山藩十二万三千石を賜っており、徳川家臣からはよく知られた存在になっていた。

石川数正は父康正が三河一向一揆で敵対し弟家成が名跡を継いだが、家成が遠江掛川城代になると西三河の筆頭家老職を数正に譲った。徳川家に敵対したその子供として譜代の旗本からは非難を受けたであろう。また、秀吉は徳川家の内情をよく知っていたのであろう、執拗な引き抜きの勧誘を行った。それを家康に相談するも煮え切らぬ回答で救われることもなく、やむなく石川家一門・家老と相談の上、見切りをつけ秀吉の家臣となった。徳川家譜代旗本たちにとっては、してやったりというところであろうか。

さて酒井忠次だが、嫡流の忠尚は徳川家に対し二度の敵対行為をして追放されたが、弟忠次は忠尚居城の上野城を攻めこれを攻略して手柄を立て、酒井家の名跡を継いだ。忠尚の系統ではなく、同父の忠善の血筋で何の問題もないのだが、譜代旗本を自負する大久保彦左衛門からすると、時代が移っても徳川家の中枢に左衛門尉酒井家という名跡が存在することが許せなかったのであろう。徳川家の柱石は譜代旗本たちなのである。

そして、『三河物語』の作者はその譜代旗本の代表格の大久保彦左衛門尉忠教なのである。

余談だが寛永十一年（一六三四）十一月、日本三大仇討ちの一つといわれる「鍵屋の辻の決闘」が行われた。これは四年程前の岡山藩の内紛が原因で、藩主が寵愛した小姓渡辺源太夫に横恋慕した藩士河合又五郎が思い余って渡辺を殺害してしまうという事件である。河合は脱藩して江戸へ逐電した。その話を耳にした高級旗本の安藤が仲間を集い、江戸に滞在している河合をかばい、岡山藩三十一万石の池田公と対立した。正に譜代旗本とその昔の有力国人衆の戦いである。結果、喧嘩両成敗として旗本は謹慎、河合は江戸追放と断が下り、伊賀国（現三重県）で決闘となるのだが、旗本にとって江戸は将軍の地、将軍家を守る役目と同時に、江戸に庇護を求めて来た者を見捨てることはできぬと譜代旗本の意地と誇りを見せた事件であったと思う。

第三章　「信康自刃事件」その後

信康の家臣団

信康自刃事件後、信康の役職ある家臣団はどうなったであろうか。

浜松の家臣団と三河の家臣団の対立があり、そのため信康が責任を取らされたという説がある。もしそうだとしたら、部下たちもそれ相応の処分を受けなければならいはずである。

三河の行政を担当している三奉行本多、高力、伊奈は、三河全体の行政を担っており年齢差もあり信康とは直接関係はなさそうである。では家康の懐刀として秀吉との折衝を行っていた西三河筆頭家老石川数正はどうであろうか。数正は家康と信康の確執を知っていたのであろう。信康追放直後に岡崎城の城代の役目を引き受けている。

傅役筆頭の平岩親吉は、役目上いちばん責任があると思われるが特別なお咎めはない。『三河物語』では「自らの首を差し出すから信康の命を救ってくれ」と直訴するが、家康は「筆頭家臣忠次が信康の悪行を認めたのだから死は致し方ない」と書かれている。まるで他人事のようである。『三河物語』によれば、安土城からの帰り岡崎に寄らず直接浜松の家康に報告し、信康の切腹を命じられたと伝えている。突然に伝えられたのである。

普通の親であれば、まず「なぜだ」と問いただし、忠次をしかり飛ばし信長に弁明に出向く行動をとるであろう。それなのに筆頭家臣が認めたのだからとあっさりあきらめてしまう。そんなことが親としてあり得るであろうか。筆頭家臣といえども、そんな力はあるはずもないし、文面が非常に不自然である。

西三河の家老松平康忠、本多重富などは自ら謹慎しているが、その後二、三年で家康から引き戻されている。これも家臣として責任は問われていないという事実である。

松平親宅《ちかいえ》は康忠の家臣で長沢松平家の奉行を務めていたが、何度も信康の言動を諫言したことにより追放されている。しかし、後に家康に呼び戻されている。

以上のように、信康自刃後に何らかの制裁を受けた西三河の役職ある家臣団は誰一人としていない。

彦左衛門が『三河物語』を書き終えた時期は寛永の初め頃、三代将軍家光の御代である。信康自刃のときは彦左衛門十九歳で、半世紀前のことである。当時、事件のことは詳しく知られてはいなかったであろう。しかし、長兄忠世・次兄忠佐から話を聞き内容は把握していただろうと思われる。

「家康も忠次も今はいない。当世大切なことは何だろう、何を守っていかねばならないのか」と、彦左衛門は考えたであろう。

「徳川の権威と安泰」

七十歳に年齢が届こうとする彦左衛門が、徳川家が傷つかないよう作り上げた作文が「松平信康の切腹」だったのではないだろうか。

では以下東三河・西三河の重臣たちを見ていこう。

《石川数正》

西三河の筆頭家老、信康の二十六歳上で後見人、信康が自刃すると岡崎城代になる。

父康正は一向一揆の折、家康に敵対したため失脚する。その後叔父の家成が石川家の嫡流となる。

永禄十二年(一五六九)、石川家成が掛川城主になると西三河を本流で甥の数正が受け継いだ。

天正十三年(一五八五)十一月、突如として家康の下から出奔し秀吉の家臣となる。

河内国内で八万石、家康が関東に移ると信濃国松本十万石。

文禄二年(一五九三)、死去。享年六十一。

数正死後、長男康長八万石、次男康勝一万五千石、三男康次は五千石、それぞれ分割相続する。

数正の出奔の原因は秀吉の調略による家康家臣団の引き抜きであろう。秀吉は家康の有望家臣の分裂を狙い引き抜きを行っている。井伊直政、榊原康政、本多忠勝の三人は、家康・秀吉に属する大名なのである。

《平岩親吉》

信康の傅役で十七歳年上であり家康と同い年である。

永禄十年（一五六七）、信康元服と共に傅役となる。

天正七年（一五七九）、信康自刃でその責任を感じ蟄居謹慎する。

天正十一年（一五八三）、家康の命で甲府城の築城を開始、甲斐の郡代として武田の遺臣を慰撫し、国内経営に尽力する。

天正十八年（一五九〇）、小田原合戦で功績があり、関東に移封された家康に従い厩橋（群馬県前橋市）三万三千石を与えられる。

慶長六年（一六〇一）、甲府六万三千石。

慶長十二年（一六〇七）、犬山藩十二万三千石となる。

《松平康忠》

長沢松平八代当主で岡崎城家老である。信康自刃で蟄居するも、後に家康に出仕する。天正十年（一五八二）、本能寺の変で家康の伊賀超えに同伴し、小牧長久手の合戦にも参戦する。

天正十六年（一五八八）、嫡子康直に家督を譲り、四十三歳で義理の父酒井忠次と共に京都に隠居をする。

《松平近正》

大給松平家の家老で石川数正の側近である。信康より十二歳年上である。

天正十三年（一五八五）、数正に誘われるも拒絶し、家康関東入りに従い上野国三ノ蔵五千五百石を賜り本家より独立する。

《本多重富》

重次の兄で信康より三十二歳年上である。信康自刃後、いったんは蟄居するが、後に重次の家老として仕え、嫡子富正が結城秀康の家老となったのについて越前で暮らす。

《本多重次》

三河三奉行の一人で信康より三十歳年上である。

永禄八年（一五六五）、三河三奉行が設置され、民生訴訟担当。（「一筆啓上、お仙痩さすな馬肥やせ」で有名）

《天野康景》

三河三奉行の一人で信康の二十二歳年上である。

天正十四年（一五八六）、甲賀忍者の統率を任され二千二百貫の所領を与えられる。

天正十八年（一五九〇）、関東下総国内三千石を与えられ、慶長六年（一六〇一）、興国寺藩主一万石を拝領する。

《高力清長》

三河三奉行の一人で信康より二十九歳年上である。元亀元年（一五七〇）、遠州長上郡百貫文を与えられ、天正八年（一五八〇）同遠州馬伏塚城と鎌田郷を拝領する。
天正十年（一五八二）、伊賀越えで小荷駄奉行。
天正十八年（一五九〇）、関東入部武蔵岩槻二万石を拝領し、足立郡浦和郷一万石蔵入地を預けられる。

《伊奈忠次》
天正七年（一五七九）、信康自刃後出奔する。信康より九歳上である。
天正十年（一五八二）、家康伊賀越えに貢献し父の旧領小島を与えられる。後に代官衆筆頭になる。以後駿、遠、三の奉行職を与えられ、江戸へ行ってからは関東代官頭として家康の関東支配に貢献した。

《榊原清政》
信康の傅役で榊原康政の兄である。信康自刃後、職を辞して隠居する。後に平岩親吉と共に供養のため駿河に江浄寺を建立する。体調宜しくなく弟康政に後継を譲る。
天正十八年（一五九〇）、関東移封で康政について上野館林に移住する。

慶長十二年（一六〇七）、家康の居城駿府城へ入城し駿河有度郡に三千石を領す。

《植村家次》

信康の小姓、八歳年下で信康自刃後流浪の身となる。後に榊原康政の推挙により再び家康に仕え、上野国邑楽郡内五百石を賜る。子の家政は秀忠の小姓から大名に出世している。

《松平親宅《ちかいえ》》

信康家臣で長沢松平家の代官。二十五歳年上である。信康は勇猛なため横暴な面があり「御若気の儀これあり候につき毎度お諫め申し上げ候えども」と諫言し、信康に追放されている。

天正十一年（一五八三）、家康に「初花肩衝」の茶入れを献上して所役免除の特権を得、三河額田郡で茶園を経営した。

（『寛永重修諸家譜』）

酒井忠次とその子供たち

永禄七年（一五六四）、吉田城を攻略した酒井忠次は東三河の一族・国人を勢力下に治め、吉田城三万石を中心に政治を行っていた。永禄十年（一五六七）、西三河石川家成、東三河酒井忠次を筆頭家老として管轄させ、軍事に於いては先手の侍大将としそれぞれ軍制を引いた。

天正三年（一五七五）五月、長篠・設楽ヶ原の戦いの前夜、信長に鳶ヶ巣山砦の夜襲を献策して実行し見事な戦術で勝利を収めた。その折「革花菱亀甲紋陣羽織」、「瓢形忍轡」を贈られている。

忠次は民生上においても領内の堤防構築、新田開発、灌漑の水路の拡充などを行った。その後、隣接する遠江・信濃計略の考えを示し政治の手腕も発揮している。

天正七年（一五七九）、信康自刃事件においては、大久保彦左衛門の『三河物語』「松平信康の切腹」の条で、忠次は甚だしい誤解を受けている。それが世に出てくるのは元和の終わりから寛永の初めにかけてである。三代忠勝の時代であるが詳細は先述した。

天正十年（一五八二）、武田家滅亡後、吉田城で信長をもてなし太刀「真光」（国宝）、黄金二百枚を拝領している。

天正十六年（一五八八）、忠次は目を患い、家督を家次に譲り義理の息子である長沢松平康忠と共に秀吉旗下の若武者に武辺話を聞かせるよう求められ、招きに応じ京都桜井屋敷に隠居した。

慶長元年（一五九六）十月、桜井屋敷で死去。享年七十。

《長男酒井家次》

永禄七年（一五六四）、忠次の長男として三河に生まれ、天正三年（一五七五）、長篠・鳶ヶ巣山砦奇襲作戦に参加し功績をあげ、家康より諱の一字を賜り家次と名乗った。

天正十六年（一五八八）、二十四歳で家督を譲られ三河吉田城主三万石、天正十八年（一五九〇）、関東入部で下総臼井三万石を与えられた。慶長九年（一六〇四）、上州高崎五万石へ移封した。

慶長十九年（一六一四）、大坂冬の陣、翌元和元年（一六一五）、大坂夏の陣に功績をあげ越後高田十万石を拝領した。

元和四年（一六一八）江戸で死去。享年五十五。

《二男酒井康俊→本多康俊》

忠次の二男として誕生。生母は松平広忠の妹なので徳川家康とは従兄弟の関係になる。天正三年（一五七五）、信長の人質として織田家の下へ赴いた後、天正八年（一五八〇）に本多忠次の養子となる。天正十八年（一五九〇）、主君家康が関東へ移封となると下総国五千石を与えられた。慶長五年（一六〇〇）、関ヶ原の戦いに参加してその功績により三河西尾二万石の所領を与えられる。慶長十九年（一六一四）の大坂冬の陣では近江膳所城を守備し、翌年の夏の陣では天王寺・岡山の戦いに参加して首級百五個も挙げたという。その功績で近江膳所に加増移封された。

元和七年（一六二一）二月、五十三歳で死去。その後七万石まで加増された

《三男酒井信之→小笠原信之》

元亀元年（一五七〇）、三河国で酒井忠次の三男として生まれる。少年の頃より家康に仕え、小田原征伐のときは父と共に参戦している。

天正十六年（一五八八）、伊那小笠原氏の当主・小笠原信嶺の娘を娶り、家康の命でその

養嗣子となる。慶長三年（一五九八）、養父の死により家督を継いで一万石加増の二万石で本庄藩初代藩主となる。

徳川秀忠の上杉景勝討伐に従い、慶長五年（一六〇〇）の関ケ原の戦いでは、信州上田城攻めにも加わっている。この頃、実父忠次のために円心寺を建立した。十数年の間、本庄を領していたが、慶長十九年（一六一四）に死去。享年四十五。死後、その家督は長男の政信が継いだ。

《西郷清員（吉員）》

忠次の妹婿。

家康の覚えめでたい忠勤ぶりなので重臣の忠次の妹の縁組を進めた。どんな苦境にあっても家康を見限ることなく生涯仕え続けた。兄の子の義勝が戦死し、その未亡人を家康が望まれたので清員の養女として側室にあげた。これが西郷殿で二代将軍秀忠、松平忠吉の母である。

《家次長男酒井忠勝》

文禄三年（一五九四）、家次の長男として下総臼井で生まれる。慶長十四年（一六〇九）正月、二代将軍秀忠の前にて十五歳で元服し、一字を賜り忠勝と名乗り従五位下宮内大輔に叙任される。

父家次と共に大坂冬・夏の陣に出陣して戦功をあげる。

元和四年（一六一八）、家督を継ぎ、同五年、信州松代十万石に転封した。

元和八年（一六二二）、出羽庄内十三万八千石を与えられ初代鶴ケ岡城主となる。

正保四年（一六四七）、江戸にて死去。享年五十四。

徳川四天王の他の三人は十万石以上で、家次の所領が少ないのは忠次が信康事件にかかわっていたからであるとまことしやかに語られているが、それはまちがいである。

関東入部時天正十八年（一五九〇）の状況を見てみよう。

（「豊臣秀吉領地宛行朱印状」）

井伊直政、二十九歳、上野国箕輪（群馬県高崎市）十二万石、鎌倉時代からの名門の末裔で武略と政治能力に長けていた。

榊原康政、同時期四十二歳、上野国館林（群馬県館林市）十万石、家康譜代、北条氏の小

田原落城後の城請け取りの任務、関東入部の知行割の総奉行を担当する。
（「豊臣秀吉領地宛行朱印状」）

本多忠勝、四十二歳、上総国大多喜（千葉県夷隅郡大多喜町）十万石、家康譜代、北条氏の小田原城請け取りの任務を榊原と共に行う。その後陸奥の国へ赴く秀吉に下野国宇都宮で謁見し北条方諸城攻略の功により佐藤忠信の兜を拝領した。
（「豊臣秀吉領地宛行朱印状」）

この三傑の十万石以上の所領安堵の朱印状を出したのは豊臣秀吉であり、家康を通さず直接渡している。各拝領地も秀吉が決めたことになる。そのことから彼等三人は秀吉の家臣でもあることを意味し、これを両属大名と呼んでいる。

家次は天正十八年の関東入部に際し、秀吉から伊豆一国十万石を与えると伝えられたが家康がそれを無視した疑いがある。

家次の拝領した下総臼井三万石は江戸城に近く、徳川家中の石高ではいちばん多い部類に入る。その他、小笠原秀政の下総古河城三万石、依田康真上野藤岡城三万石、大須賀忠政上総久留里城三万石、以下は奥平信昌上野小幡城二万石などと続くのである。

秀吉の家康家臣団の配置は関東・奥州計略の一環であり、井伊、榊原、本多の三傑の力が必要だったからであろう。また、家次を伊豆に配置すると両属大名で家康江戸包囲網を確立することができる。

秀吉の両属大名を狙っていた家康家臣団はほかにもある。大久保忠世、相模小田原城主四万五千石、鳥居元忠下総矢作城主四万石、平岩親吉上野厩橋城主三万三千石。

家康が家次を手放さなかったわけはほかにもある。徳川家と酒井家は松平親氏以来の関係で、五代松平長親と六代酒井忠善時代には忠善の力に救われている。三代信光時代に授けた三つ葵を、その時の忠善の武勇にあやかるため、戻してもらっている。また、家康の時代においても酒井家を大切に思い、家次を秀吉に渡したくなかったのである。晩年家康が「お前も子がかわいいか」と言ったことを取り上げ、信康事件に結び付けようとする考え方があるが、これは晩年忠次が病床において、親しい人に「後をよろしく」と言ったものので、ごく常識的なことで、その相手が親しい家康だったということである。


両属大名としてこんな逸話がある。

伏見城築城の祝いの後、秀吉は井伊直政、本多忠勝、榊原康政、平岩親吉に、歳末の祝儀として密かに黄金百枚ずつを与えた。直政と忠勝はそのまま拝受して家康には告げなかった。康政は「どうしたらいいでしょう」と家康に告げた。家康は「下し賜れたものは受け取るものだ」と言った。そして、親吉は「臣は関東奉公の身にてその禄を受け衣食は常に足りている。今主君の賜り物を貪っておいて受け取る事などできはしない」と黄金を使者に返した。このように私欲がなく正直な心の持ち主であったので、家康は親吉を信康や義直の後見として付け、八男仙千代を養子にしたのである。　　　　（『名将言行録』）

以上見てきた通り酒井忠次の三人の男子は大名として分家を持ち老中、若年寄の役職を勤め徳川幕府を支え明治を迎えている。

大久保彦左衛門が書いた『三河物語』通り、酒井忠次が信康自刃にかかわっていたとしたら、忠次死後、酒井家に対し何らかの圧力が働きそうなものだが、そういったことは一切なかった。

しかし、『三河物語』を写本するなかで、地位や境遇に不満を持つ無役の旗本のなかには酒井家に対して誹謗、中傷の気持ちがあったであろうことは否めない。

参考・引用文献
『現代語訳三河物語』大久保彦左衛門　小林賢章訳
ちくま学芸文庫
『松平家忠日記』盛本昌広訳　角川選書
『信長公記』太田牛一原著　榊山潤訳　教育社
「地元の古老が語る桶狭間合戦始末記」梶野渡
「歴史群像シリーズ　①織田信長」「同⑥風林火山」
「同⑪徳川家康」学研

熱田伸道（あつた　しんどう）

一九四八年、東京都足立区生まれ。甲冑師。

小学生のころから日本の歴史が好きで、とくに戦国期（室町末期〜江戸初期）の武具に興味を持つ。三十三歳で甲冑制作を始める。愛知県一宮市の佐藤敏夫先生に師事。

二〇〇二年、名古屋市中川区荒子観音寺の前田利家公甲冑復元及び推定復元。

二〇〇九年、公益財団法人致道博物館の酒井家二代家次公甲冑修復。

二〇一六年、鶴岡市天澤寺の加藤清正公金胴丸推定復元。

装丁・装画　金清美（アトリエ・ハル）

信康自刃の真相

２０２０年４月１日　初版第１刷　発行

著　者　熱田伸道
発行者　ゆいぽおと
〒４６１-０００１
名古屋市東区泉一丁目15-23
電話　０５２（９５５）８０４６
ファクシミリ　０５２（９５５）８０４７
http://www.yuiport.co.jp/
発行所　ＫＴＣ中央出版
〒１１１-００５１
東京都台東区蔵前二丁目14-14
印刷・製本　モリモト印刷株式会社

ISBN978-4-87758-485-6 C0021